吉光借羽

——博物馆藏品推介路径研究

姜惠梅 著

文物出版社

图书在版编目（CIP）数据

吉光借羽：博物馆藏品推介路径研究／姜惠梅著．－－北京：文物出版社，2022.10
ISBN 978－7－5010－7798－4

Ⅰ.①吉… Ⅱ.①姜… Ⅲ.①博物馆－藏品－宣传工作－研究－中国 Ⅳ.①G269.25

中国版本图书馆 CIP 数据核字（2022）第 177162 号

吉光借羽
——博物馆藏品推介路径研究

著　　者：姜惠梅

责任编辑：李　睿
封面设计：王文娴
责任印制：王　芳

出版发行：文物出版社
社　　址：北京市东城区东直门内北小街 2 号楼
邮　　编：100007
网　　址：http://www.wenwu.com
经　　销：新华书店
印　　刷：宝蕾元仁浩（天津）印刷有限公司
开　　本：787mm×1092mm　1/16
印　　张：10.5
版　　次：2022 年 10 月第 1 版
印　　次：2022 年 10 月第 1 次印刷
书　　号：ISBN 978－7－5010－7798－4
定　　价：80.00 元

本书版权独家所有，非经授权，不得复制翻印

目　录

第一章　博物馆与藏品 …………………………………………………… 1

 第一节　何为博物馆 ……………………………………………………… 1

 第二节　何为博物馆藏品 ………………………………………………… 21

第二章　基于藏品的推介方式 …………………………………………… 42

 第一节　以展览为手段的推介活动 ……………………………………… 42

 第二节　以博物馆教育为手段的推介活动 ……………………………… 62

 第三节　考古发掘、学术研究与博物馆宣传展示共促 ………………… 69

 第四节　媒体宣传 ………………………………………………………… 73

第三章　基于藏品的推介——以山东博物馆为例 ……………………… 77

 第一节　山东博物馆历史沿革及藏品来源 ……………………………… 77

 第二节　山东博物馆藏品推介的特色 …………………………………… 84

 第三节　山东博物馆藏品推介案例说明 ………………………………… 89

第四章　博物馆藏品推介的发展前景 …………………………………… 137

 第一节　立足藏品研究，服务观众需求 ………………………………… 137

 第二节　依靠交叉学科和科技手段丰富展览 …………………………… 144

 第三节　重视教育项目，实现展教合一 ………………………………… 151

 第四节　线上线下融合宣传 ……………………………………………… 157

第一章 博物馆与藏品

第一节 何为博物馆

一、什么是"博物馆"

作为凝结人类文明的圣地、展示人文历史的殿堂、传播文化自信的机构,博物馆以厚重的底蕴、庄重的气氛、强大的吸引力、独特的文化灵性成为国家和城市的文化地标。博物馆是人类文化成果集中展示的空间,在博物馆中受众一方面可以加强对自身的文化认同,同时也能够在一种集中的文化接收中构建起群众观念中的集体意识,形成具有凝聚力的民族精神。因此,在现代国家中,但凡是经济实力达到一定的水平,作为国家层面都会关注博物馆的建设与发展,为其提供发展空间,并鼓励群众进入博物馆进行参观。现代博物馆也会定期组织活动,吸引更多的群众参与其中。因此,在现代社会,博物馆不仅仅作为一种文物收藏、展示和研究的机构而存在,其更重要的价值和功能在于发挥其社会功能,通过吸引更多的观众参与到博物馆的活动中,发展为一种具有更大社会影响力的公共空间。在一定意义上来说,现代博物馆发展的状况,也是一个国家和地区文化软实力的重要体现。

博物馆是人类社会发展到一定历史阶段的产物。[①] 在社会发展的初级阶段,人们连基本的衣食住行都无法得到充分满足,更遑论文化艺术的发展和保存。而当人类的生产能

---

① 梁华平:《论博物馆的本质》,《中国博物馆》1992年第2期

力获得提升之后，人类不断积累满足衣食住行之后的生产生活资料，便有了剩余的生活资料供与艺术、文化的发展。随着物质、文化的不断进步，人类生产的文化产品不断积累，也就有了保存和展示的需要。在初期，这种保存和展示的需要仅仅存在于极少数掌握社会财富的贵族群体，文物的展示也只是发生在很小的范围之内。这种状况持续了很长的时间，直到近代以来，公共空间获得扩展，市民社会得以完善，一种新的文物展示需要应运而生，那便是文化在公共空间中的展示。这种文物的收藏、保护、研究和展示在不同的群体那里体现为不同的价值。如从国家层面而言，这种博物馆所承担的文化保护和文物展示的功能有利于国民形成共同的民族情结，构建起一种"想象的"民族共同体。从学者的角度来看，博物馆对文物的集中收集和展示为历史、文化研究提供了极大的方便。而从普通民众的角度来看，现代博物馆面向大众的开放，让每一个公民都有平等的机会进入到博物馆当中，每个人都能够目睹曾经只有贵族才能享受的文化资源，也有利于提高个人的文化素养，使得现代社会中的每一个人都具有了相对平等的文化学习机会。

上海当代艺术博物馆

自国际博物馆协会 1946 年成立并首次对博物馆进行定义以来的 70 年，国际博协对博物馆的定义进行过 7 次修改，体现了博物馆视域的逐步拓展，在新中国成立以来官方有关博物馆定义的表述中，体现了对国际博协博物馆定义的参考借鉴[①]。在历史长河中，从过

---

① 魏峻：《关于博物馆定义和未来发展的若干思考》，《中国博物馆》2018 年第 4 期。

去到现在，博物馆的功能并非一成不变。从最初博物馆的建造只是为了满足贵族身份炫耀和自我满足，到现代博物馆成为构建民众文化认同的公共空间，博物馆为适应社会发展不断产生职能的变化、工作方法的转变以及收藏对象的拓展。因此，在不同阶段，不同的国家对博物馆概念的界定不尽相同。2007年8月24日国际博物馆协会召开的全体大会通过了经修改的《国际博物馆协会章程》，章程对博物馆定义进行了修订，《章程》指出："博物馆是一个为社会及其发展服务的、向公众开放的非营利性常设机构，为教育、研究、欣赏的目的征集、保护、研究、传播并展出人类及人类环境的物质及非物质遗产"。

在全世界范围内，博物馆的社会角色正在变化，近年来，特别是在拉丁美洲，新的、实验性的博物馆得到了发展并挑战了传统博物馆，这促使我们反思是否还能坚持认为博物馆是一个永久性的"机构"，而不是一种更具包容性的组织。① 在古代社会，博物馆只是贵族集中展示自身收藏文物的私人空间，其展示范围极为有限，只局限在贵族私人交友朋友圈中，并不能够称为现代性意义上的博物馆。到了现代社会，博物馆成为一种公共空间，不再是私人展示私人藏品的地方，而是一种面向公众的，让每一个人都可以深入其中进行观赏、研究和学习的地方。这种转变已经是非常彻底而根本性的。然而，当历史发展到今天我们也会看到，今日的博物馆和美术馆正在发生着一些重要的变化。例如，我们传统意义上认为的博物馆是一种真实存在的空间，而今天的博物馆，有很多已经走向虚拟化，网络空间的博物馆藏品传播，甚至"元宇宙"等新的科技力量的发展，让很多博物馆在今天已经不同于传统的博物馆仅仅作为一种展示空间的存在。在科技的不断发展中，博物馆的属性和功能应当被重新考虑和界定，技术的发展为博物馆的展示提供了更多的可能性。博物馆是否还应当具有实体空间？其组织构成又应当如何实现？在今天，都应当成为重新考虑的问题。

二 "博物馆"定义的发展过程

（一）国际范围内"博物馆"定义的迭代

汉语中的"博物馆"一词译自英文的"Museum"。几乎大部分西方语言包括法语、

---

① Brown, Karen, Mairesse, Francois,《The definition of the museum through its social role》,《CURATORTHE-MUSEUMJOURNAL》, 2018年第4期。

德语、意大利语、西班牙语甚至俄语都源于希腊语的"Mouseion",根据1971年版的《牛津英文大字典》解释这一词的含义是"缪斯的所在地",为了对缪斯(Muses)——宙斯和记忆女神的九个活泼女儿表示敬意,法国学者G·比代在《希腊语—拉丁语词典》中将博物馆一词解释为"供奉缪斯、从事研究之处所"①。在国际范围内,"博物馆"概念经过不断研究、推敲和修改。1946年11月,国际博物馆协会成立时的章程中提出:"博物馆是指为公众开放的美术、工艺、科学、历史以及考古学藏品的机构,也包括动物园和植物园。"这一定义从"博物馆"一词的构成为其下了一个简单的定义——即"博物馆"究竟包括哪些类型,博物馆收集和展示的内容是什么,以及博物馆的功能。也就是说,这一定义给出的,是博物馆"是什么"的回答,但同时却没有回答"博物馆"有怎样的功能,以及博物馆为何要存在,其存在的目的是什么,这些问题在这一定义中并没有给出答案。

缪斯

---

① 《简明不列颠百科全书》译载文化部文物局教育处、南开大学历史系编:《博物馆学参考资料》第104页。

20世纪五六十年代起，国际博物馆协会又多次修改博物馆定义。1974年国际博物馆协会通过《国际博物馆协会章程》中明确规定："博物馆是一个不以追求营利为目的的、为社会和社会发展服务的、向公众开放的常设机构，为研究、教育和欣赏的目的，征集、保存、研究、传播并展示人类及其环境的见证物。"这一修改和补充使得博物馆的定义更加完善。从这个定义当中，我们可以看到一个现代意义上的"博物馆"所需要具有的基本属性，如："博物馆"是不以盈利为目的的；"博物馆"是为社会和社会发展服务的；"博物馆"是面向"公众"服务的，而不是服务于少数贵族的；"博物馆"是一个有组织的"机构"，而不是一个零散的组织；"博物馆"的功能是对文物进行研究、教育和欣赏；"博物馆"的职能是对文物进行征集、保存、研究、传播和展示。可以说，这一"博物馆"的定义从"博物馆"的各个方面对其进行了界定，可以视为从现代意义上为"博物馆"下的一个较为准确和全面的定义。

1989年在海牙举行的国际博物馆协会第十六届全体大会通过的《国际博物馆协会章程》中，对1974年所作定义又进行强调。博物馆是搜集、保管、研究、陈列、展览有关历史、文化、艺术、自然科学以及科学技术等方面的文物和标本的场所，是城市标志性的文化设施，是历史文化遗产的集中展示地，反映着城市的过去、现在，甚至未来。[①]"研究、出版、推广、计划"都非常重要，但这些事情并不是博物馆所独有的，而只有其将展览作为其履行公共服务使命的主要手段。因此，博物馆的一个更有力的定义可能是：一个其核心功能包括为公众利益展示公共展品的机构。[②] 从这一个定义看来，我们会发现其不同于上面两个定义的特别之处，那便是特别强调"博物馆"的公共性和文化传播的功能。就像前面所讲到的那样，现代意义上的博物馆和古代的博物馆之间的一个重要区别便是"公共属性"，因为只有在现代社会诞生之后，"公共空间"才真正成为现代之后才逐渐形成的"公民社会"的重要组成部分。因此，面向公众的传播正是现代博物馆的定义中所需要特别强调的一个重要属性。

2007年将定义又做了新的修订，吸收了2004年首尔国际博物馆协会的成果，把"见证物"更改为"物质和非物质遗产"，并且把"教育"放到了博物馆功能的第一项，即"博物馆是一个为社会及其发展服务的、向公众开放的非营利性常设机构，为

---

① 戴昕、陆林、杨兴柱、王娟：《国外博物馆旅游研究进展及启示》，《旅游学刊》2007年第3期。

② Fowle Kate，《Who cares? Understanding the role of the curator today》，《Cautionary tales: Critical curating》，2007年.

梵蒂冈博物馆

教育、研究、欣赏的目的征集、保护、研究并展出人类及人类环境的物质及非物质遗产。"从这次修改中,我们会看到对"博物馆"定义的不断深化。博物馆从简单地面向公众展示文物,走向更具有深度的学术研究。在学术研究的基础上,面向公众进行教育,使得大众可以获得更为深入的文化学习。这种面向大众的学习能够构建让大众对自身民族文化不断加深认同。博物馆的这一功能对文化的普及,以及提高公众审美意识和审美能力有着不可替代的作用。只有在深入研究的基础上,这种面向公众的文物展示和教育才能够真正实现有深度的发展。

(二)各国基于对"博物馆"的不同理解所做的定义

国际博物馆协会对"博物馆"做出的定义只是国际间的一般性定义,各国根据自身社会历史背景、对博物馆机构和工作的认识和理解,做符合自身国情的概念定义和工作规定。不同的国家,对博物馆的认识和理解也有着非常多的不同,这种不同一方面是基于国家政策和文化战略的出发点,另一方面,也体现出不同国家在对文化问题上的不同认识,呈现出一种具有民族特色、国家特色和地区特色的博物馆定义。不同国家对博物馆的定义,展现出对博物馆功能认识的不同理解,从不同的面上对博物馆在当代的价值与意义提出了各自的见解与阐释。我们在对不同国家对博物馆所下的定义的基础上,可以更为全面地理解博物馆所具有的功能属性和他们在当代社会中所承担的社会功能与社会价值。

美国《简明不列颠百科全书》指出："现代的博物馆是征集、保藏、陈列和研究代表自然和人类的实物，并为公众提供知识、教育和欣赏的文化教育机构"。美国博物馆协会（AAM，即：美国博物馆联盟）对"博物馆"的定义是："博物馆是非营利的永久性机构，其根本目的不是为组织临时性展览，享受豁免联邦和州所得税，代表公众利益进行管理并向社会开放，而是为公众教育和欣赏的目的而保存、保护、研究、阐释、收集和展览具有教育和文化价值的物体和标本，包括艺术的、科学的（无论有生命的或是无生命的）、历史的和技术的材料。此博物馆定义包括具备上述必要条件的植物园、动物园、水族馆、天文馆、历史社区、古建筑和遗址。"从美国对博物馆的定义中，我们可以看到其特别强调博物馆是一种非营利组织。非营利组织不同于一般的企业，也就是说，它面向公众开放，却并不是为了赚取利润。同时，它也不同于政府机构，而是一种民间的自发行为。美国政府对于博物馆，并不是直接参与其管理，而是通过税务减免等政策性的方式加以支持。美国政府并不会直接地参与到博物馆的组织机构和政策制定当中，博物馆在此意义上也就具有了更大的独立性和自主性，能够按照文化和文物保护的要求来实现自我发展。

英国博物馆协会对博物馆的定义则为："博物馆能够使公众通过探索藏品获得启迪、知识和快乐。它们是承担着社会信托责任而征集、保护和展示文物和标本的机构。……博物馆应当做到：代表社会利益保藏文物；积极服务公众；鼓励公众通过探究藏品获得启迪、知识和快乐；指导和参与社区活动；诚实地和负责任地征集文物；为长久公共利益保护好藏品；为了公众的利益，承认谁制造的、谁使用的、谁拥有的、谁收集的和谁捐赠的藏品；支持保护自然和人类环境；研究、共享和阐释相关文物藏品的信息，并反映不同观点。"从英国博物馆协会对博物馆的定义中，我们可以看出英国对博物馆功能的认识中，对文化的多样性的保护与支持文化多元发展尤为注重。在公民社会当中，博物馆的教育功能并不是冷着面孔的生硬说教，而是要通过体验的方式，让群众真正地深入到文化传统当中，通过一件又一件具体的、可感的、生动的文物，推进群众对审美、对文化的感受、认识和理解。群众在博物馆当中所接受的文化教育和审美提升，是在寓教于乐当中不断深化，不断进行的。博物馆在保存、收集、展览、研究本国文物的基础上，对群众文化的教育，审美的修养的提高，是英国博物馆协会尤为注重的一面。

大英博物馆

　　法国博物馆协会所做的定义是："博物馆以服务公众知识、教育和欣赏为目的而组织藏品，代表公共利益保护和陈列藏品的永久性机构。法国的博物馆具有以下永久使命：保护、修复、研究和增加藏品；尽可能地将藏品向更多的观众展出；制定和执行教育和传播文化的计划和任务；为知识的进步、研究以及传播而贡献力量。"法国博物馆协会对博物馆所做的定义中，尤其强调了对产品收集、保护、修复、研究等功能。在这样的视角下，博物馆更多地作为一种文化研究和学术研究的机构而存在。因为拥有众多藏品，博物馆成为学术研究中一手资料最为丰富的研究机构。大量的一手资料和实物文献，为历史研究、文化研究提供了最为充分的条件。博物馆也不应当完全以面向大众的普及作为自己的根本性目标，实现研究目的，推进学术发展，也是博物馆非常重要的功能之一。

　　意大利对博物馆定义是："博物馆是服务型社会发展过程中的一个永久的非营利组织，用来交换思想的向公众开放的地方，在这里可以获取、保存、研究、交流和展示有形和无形的人类遗产，同时还是起到教育、研讨和文娱目的的一种环境。"意大利对博物馆的定义强调了博物馆的空间属性，将博物馆视为一种"公共空间"，认为人们在博物馆当中可以讨论教育、文化、娱乐等内容，实现思想交流。博物馆提供了这样的一种环境，让人们可以实现交流和沟通。在交流与沟通中，人与人之间可以达成共识，

卢浮宫

增进文化认同,推动一个国家文化的生命力和普遍发展。

前苏联对"博物馆"定义的理解在《苏联大百科全书》有论述,指出:"博物馆是征集、保藏、研究和普及自然历史标本、物质及精神文化珍品的科学研究机构、科学教育机构。"苏联对博物馆藏品抱有较为开放的态度。认为博物馆不仅仅应当收藏人类历史上所创造的文化产品。同时,自然历史标本也应当被纳入到博物馆的收藏范围之内。博物馆所收藏的藏品的多样性,对我们今天理解和认识博物馆仍具有一定的启发意义。特别在当前科技快速发展新的艺术领域、文化领域、生活领域发生一系列重大变化的当下,原有的博物馆产品已经不能够全面反映当代生活。因此在今天,博物馆藏品种类的开拓特别值得注意。

日本《博物馆法》对于博物馆的定义:"博物馆是指由地方公共政府、一般注册协会或基金会、宗教法人或由内阁命令设立的其他法人(由行政机关通则法令第一章第2条规定的独立行政机关除外)设立并根据本法第二章的规定注册的机构(属于《社会教育法》规定的公民的公众厅以及《图书馆法》规定的图书除外)。设立这些机构的目的,在于收集、保管(含培育)、展示历史、艺术、民俗、产业、自然科学等有关的资料,在考虑到教育性的情况下,向一般公众开放,为提高国民修养、调查、研究、娱乐等开展必要的事业,同时对所收集的资料进行调查研究。……博物馆资料系指由博物馆收集、保管或展出的资料。"我们从日本对博物馆的定义当中可以看到，日本特别强调博物馆作为一个机构应当符合的社会政策规范。将博物馆纳入到社会管理体制当中，进行统一的管理。博物馆的体制、规范、政策要求等是博物馆在当代社会规范化发展必不可少的重要方面。

东京国立博物馆

纵观国际博物馆协会和诸多国家对博物馆的定义，可以发现这些定义注重突出博物馆的价值观；强调博物馆的公共性、开放性和非营利性；能够反映博物馆的工作范畴和工作方法，但也存在着一些短板和不足[①]。从以上各个国家对博物馆的不同定义中，我们可以看出不同的国家对博物馆所具有的功能、价值、规范等抱有不同的态度。虽然这些定义不尽相同，但都从不同的角度上对博物馆的本质做出了一定的规范。从这些不同的定义当中，我们可以较为全面地认识博物馆所应当具有的属性、价值、功能，兼顾各方，从不同的立场环视博物馆的本质。站在不同国家的经验基础之上，我们才能够对博物馆有更为全面和准确的定位。我们可以从中，去粗取精，取其精华，从而找到一个中国特色的博物馆发展道路。

（三）我国对"博物馆"定义发展变化

中国对于博物馆的认识同样经历了一个由浅入深、反复研究的过程。随着中国经

---

① 李耀申、耿坤、李晨：《博物馆定义的国际化表达与中国式思考》，《博物院》2019年第4期。

济实力不断增强以及中西文化交流的日益加深,越来越多的西方人开始关注中国并积极了解中国文化。[①] 20世纪30年代中期,中国博物馆协会认为:"博物馆是一种文化机构,不是专为保管宝物的仓库,是以实物的论证而作教育工作的组织及探讨学问的场所。"这个时候,中国对博物馆的认识才开始纳入到世界对博物馆定义的主流之中,博物馆不再被认为是展示私人藏品的地方,博物馆的社会功能和公共空间的属性开始受到关注。中华人民共和国建立后,对博物馆的定义进行了两次大的讨论和修改。

故宫博物院

1956年全国博物馆工作会议对新中国博物馆工作性质和任务做出规定。基于1956年所做定义,在1961年发表的《博物馆工作概论》中,调整了定义的语序,强调博物馆对文物和标本的收藏职能。在1961年出版的《博物馆工作概论》一书中提出,"博物馆是文物和标本的主要收藏机构,宣传教育机构和科学研究机构,是我国社会主义科学文化事业的重要组成部分。"这版定义是我国现在采用率较高的一种说法。从这一定义当中,我们可以看到博物馆管理领域中的中国特色:将博物馆视为"文化事业"的重要组成部分之一,看作我国社会主义科学文化事业的重要组成部分,这样的定义

---

① 李芳:《中国博物馆解说词英译策略》,《中国翻译》2009年第3期。

是不同于西方资本主义国家的。虽然西方国家也将博物馆看作一种公共文化，但却并没有将博物馆定义为"文化事业"的表述。

陕西历史博物馆

在1979年全国博物馆工作座谈会通过的《省、市、自治区博物馆工作条例》中明确规定："博物馆是文物和标本的主要收藏机构、宣传教育机构和科学研究机构，是我国社会主义科学文化事业的重要组成部分。博物馆通过征集收藏文物、标本，进行科学研究，举办陈列展览，传播历史和科学文化知识，对人民群众进行爱国主义教育和社会主义教育，为提高全民族的科学文化水平，为我国社会主义现代化建设做出贡献。"[1] 将博物馆视为文化事业的重要组成部分，是颇有中国特色的表述。从这样的表述中，我们可以看到中国对文化事业发展的定位。博物馆举办展览，传播历史和科学文化知识，其目的是为了对人民群众进行爱国主义教育和社会主义教育，最终要实现的目标是我国的社会主义现代化建设。从社会制度的不同到博物馆定位的差异，体现出在博物馆建设领域，我国也一贯坚持的发展道路和发展路线，以人民为中心正是博

---

① 宋向光：《博物馆定义与当代博物馆的发展》，北京大学考古与文博学院。

物馆发展的中国道路。

在近年来，我国对博物馆事业发展尤为重视，出台一系列方针、政策，同时组织博物馆评选活动和国家层面的博物馆展览。一系列政策、方针的出台，和对博物馆建设的直接参与，对我国博物馆事业的发展起到了极大的推动作用。国家层面对博物馆事业建设的种种评选活动和战略前瞻，充分体现了我国对博物馆事业的重视。从上到下的政策导向，对我国博物馆事业的发展有着指南针般的指导意义。从国家层面而言，通过这些评选活动，一方面可以调动地方博物馆对于文物发展事业的动力，激发我国博物馆发展活力，另一方面又可以起到导向作用，从顶层设计出发，引导博物馆事业发展和展览走向合理的道路，避免走弯路、邪路，推动博物馆事业的健康发展。从国家层面的引导，到社会力量的参与，从公立博物馆的良好发展，到民间博物馆的大量出现，我国博物馆事业正在稳步走向更大的发展空间。

（四）从国际最新定义看博物馆工作的变化

国际博协对博物馆的定义可分为两个阶段，1970年以前主要侧重于对博物馆功能的界定，1970年以后则着重强调了博物馆与社会的关系，这反映了博物馆发展的客观过程[①]。国际博物馆协会于2007年在维也纳召开的第二十一届全体大会，定义认为："博物馆是一个为社会及其发展服务的、向公众开放的非营利性常设机构，为教育、研究、欣赏的目的征集、保护、研究、传播并展开人类及人类环境的物质及非物质遗产"。从国际对"博物馆"的最新定义可以看出，当今社会，博物馆首要工作职能是"教育"，社会公众对博物馆教育的需求日益增强。作为博物馆宣教人员，开展好博物馆的宣传教育工作越来越重要。现代社会以来，随着公民社会的产生与发展，博物馆已经不再承担古代社会私人藏品展示和炫耀的需要，而是变成一种提高社会普遍文化修养的功能性机构。这种功能性的转变体现在各个方面。从私人展示到社会的普遍传播，博物馆的教育功能变得越来越重要。而这种教育功能更多地体现为一种场域空间中的交流。在博物馆的氛围当中，人们可以自由地穿梭其中，感受博物馆带来的整体氛围。在各种各样不同的藏品之中，人们会潜移默化地受到教育，引发感触，从而实现其教育的目的与功能。在当前博物馆开展教育功能是极为重要的，但这种教育功能

---

① 杜水生：《从博物馆的定义看博物馆的发展》，《河北大学学报（哲学社会科学版）》2006年第6期。

的开展要注意方式和方法,"寓教于乐"才是博物馆教育功能的主要方式,课堂式的说教并不适合于博物馆教育功能的实现。

另外,许多博物馆和学术机构拥有一流的生物材料收藏,从保存的整个生物体到 DNA 库和细胞系。这些生物收藏品在国土安全、公共卫生和安全、环境变化监测以及传统分类学和系统学等不同领域为科学和社会做出了无数的贡献。① 越来越多新的藏品被融入到博物馆的产品序列当中。博物馆不再是人们传统意义上认为的收藏和展示古董的地方,从 DNA 到数据库,从环境监测数据到新的科技成果,越来越多新的事物被融入到博物馆的藏品序列当中。不同领域的事物在博物馆这样的一个场域空间得到有序展示。博物馆也可以摆脱原有的冷冰冰的面孔,同样可以变得非常时髦,可以变得具有时代感,甚至超时代感。博物馆在当代不仅仅可以作为文物收藏、文化展示的空间,它也可以成为一个潮流时尚的空间,可以成为一种新的"网红"打卡地。

国际博物馆协会

---

① Andrew V. Suarez, Neil D. Tsutsui,《The Value of Museum Collections for Research and Society》,《BioScience》2004 年第 1 期。

(五) 博物馆的发展历史

博物馆是人类社会发展到一定历史阶段的产物。它的产生带有明显的自发性和浓厚的实用性。它是一种必然的社会文化现象，它的产生犹如人类社会必然要产生"文字"一样的必然。这是因为人类社会需要它，另一方面则是因为人类社会已经有了产生它的客观条件。一旦产生便不断发展，不断演进，显示出了一种旺盛的生命力[①]。

博物馆最初是古代物品或宝物的"过去的守护者"，现在一般被认为是保存艺术和科学文物的地点或建筑。[②] 以下笔者从中西方的时空维度，简论博物馆发展的历史。首先，西方国家"博物馆"的诞生最早可以追溯到公元前3世纪。

公元前4世纪，亚历山大大帝在建立地跨欧亚非大帝国的军事行动中，把搜集来的珍贵的艺术品交给他的老师亚里士多德整理研究、开展教学。亚历山大去世后，他的部下托勒密建立了新的王朝，收集更多的艺术品。托勒密一世在埃及港口亚历山大里亚建造了一座博学园。这座兴建于公元前290年左右的亚历山大博学园，被认为是最早的博物馆。"博物馆"一词的英语museum，起源于希腊语mouseion，意即是"供奉缪斯（Muse）及从事研究的处所"。缪斯是希腊神话中主司艺术与科学的九位女神的总称（她们分别掌管史诗、音乐、情诗、演讲术、历史、悲剧、喜剧、舞蹈和天文），象征着智慧。[③]

在17世纪后期出现了现代意义的博物馆。斯隆家族在爱尔兰非常富有，家族成员汉斯·斯隆在医学领域身居高位。在他的一生中收集了大量的藏品，按照他的意愿，把自己收藏的近八万件的藏品捐给大英帝国，国会购买了一座建筑来保存这些藏品，大英博物馆就此成立了，它是全世界第一个对公众开放的大型博物馆。[④]

1946年，国际博物馆协会在法国巴黎成立。正如前文所讲，1974年协会对博物馆将公益性作为博物馆的首要职责。从1977年开始，国际博物馆协会把每年的5月18日确定为"国际博物馆日"，并且每年都产生一个主题。

早在我国《山海经》一书中就出现"博物"一词，开始"博物"指能辨识多种事

---

① 梁华平：《论博物馆的本质》，《中国博物馆》1992年第二期。
② Baher I. Farahat, Khaled A. Osman,《Toward a new vision to design a museum in historical places》,《HBRC Journal》2018年第1期。
③ 胡盈：《世界博物馆导读》，世界博物馆发展史。
④ 约安·詹姆斯：《生物学巨匠——从雷到汉斯尔顿》，2014。

物。在《尚书》中用"博物君子"统称一类博学多识的人才。后来"博物"的意指知识。而"博物馆"一词最早在清代《孙诒让撰周礼政要观外新》中出现。

有学者把中国博物馆的源头追溯到公元前 478 年,也就是孔子去世后第二年,鲁哀公虽是亡国之君,但他敏锐意识到孔子的重要价值,下令利用孔子故居创建孔子庙堂,陈列孔子坐过的车、穿过的服饰、用过的器具等,供当时和后人瞻仰、祭祀。因此,孔庙可以称得上是中国最早的纪念类博物馆了。①

孔庙

在我国,学界普遍认为博物馆是在中国从被迫走现代化道路到主动走现代化道路的过程中出现,在西方文化和中国传统文化相互冲突、会通融合的过程中形成。新中国成立前,它的发展始终同政治变革、救亡图存相连,教育及科学博物馆在旧中国博物馆占有主导地位。新中国成立后,以历史文物为中心的博物馆逐渐成为中国博物馆事业的主体,改革开放前的新中国博物馆依然遇到了来自传统文化与现代化冲突的困扰,与政治化的叠加使其难以走上专业化的发展道路。改革开放后,我国博物馆事业的生存环境逐步改善,社会对博物馆的认识正在发生积极的变化。推动中华文明创造性转化和创新性发展、为人类提供正确的精神指引和强大的精神动力,让收藏在博物馆里的文物活起来,让其中蕴藏的精神鲜活起来,是当代中国博物馆的使命和责任。②

1860 年第二次鸦片战争后,外国传教士或侨民陆续在我国部分城市建立、举办了

---

① 王宏钧:《中国博物馆与社区历史文化——兼论世界上最早的博物馆和博物馆起源》,《中国博物馆》1994年第4期。
② 黄春雨:《传统文化与现代化视野下的中国博物馆发展史》,《中国博物馆》2015年第4期,第14页。

一些博物馆性质的机构。有记载可考的有以下几个馆：第一，最早的是法籍神父韩伯禄1868年在上海创办的徐家汇博物馆，这是中国第一家近代公共博物馆，也是我国首家自然博物馆，后来更名为震旦博物院，是如今上海博物馆的前身之一。第二，英国人1874年创办的亚洲文会博物馆是我国最早的综合性博物馆，后来藏品分别入藏上海博物馆、上海自然博物馆、上海图书馆。第三，1877年英国人开始建立青州博古堂，后迁入济南更名为广智院，这是山东博物馆的前身。第四，1904年英国人建立华北博物馆。第五，1907年日本人建立的北疆博物院，后发展为如今的天津博物馆。第六，始建于1904年的华西协合大学古物博物馆是四川大学博物馆的前身，同时也是现存时代最早、规模最大的高校博物馆。

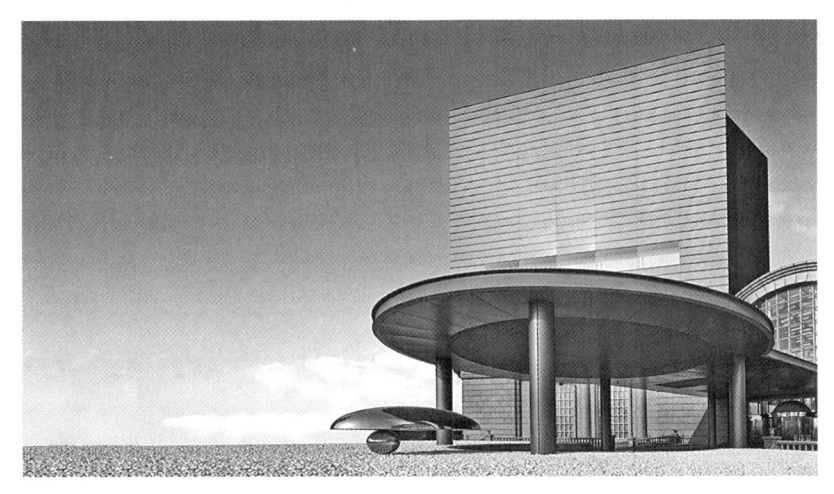

震旦博物院

山东博物馆

四川大学博物馆

天津自然博物馆

1905年由张謇开办的南通博物苑是由中国人自己建设的第一家公共博物馆，南通博物苑在中国博物馆早期实践中是独特的。张謇既清醒地意识到保护民族历史文化遗产的历史意义，又务实地践行着教育救国的理念。历史、美术、天然三部与动植物园的建制，使中国人拥有了自己的学理意义上的博物馆。隶属南通师范学院"为本校师范生备物理上的实验,为地方人民广农业上之知识"的宗旨①以及独特的馆名,让南通博物苑具有了民族性和时代性的色彩。但不可否认,它又是形单影只的。1909年山东省立图书馆附属山东金石保存所在济南市成立,收藏出土古器物及碑碣等万余件。1912年由蔡元培主导,在国子监设立历史博物馆筹备处,并在1924年对外开放,这是如今国家博物馆的前身。1925年故宫博物院成立。1933年蔡元培等学者倡建国立中央博物院(如今南京博物院),以弘扬中华民族传统文化精神,国立中央博物院是中国第一座也是当时唯一一座仿照欧美第一流博物馆建馆的现代综合性大型博物馆。②

南通博物苑

1927年至1936年是民国时期社会经济发展的"黄金期",也是博物馆事业发展的高峰,全国有231家博物馆,但随后受到日本侵华和内战的冲击,1949年全国仅存24家博物馆。新中国成立后,博物馆事业得到迅速发展。在过去三十年中,中国博物馆以平均每年新增约150家的速度增长。民国时期中国博物馆的最大成就体现在国立故宫博物院的成立,国立历史博物馆的建立以及国立中央博物院的筹建。国立历史博物馆的建立开启了我国国家主导博物馆建设的序幕,故宫博物院的成立则使中国拥有了

---

① 《博物苑观览简章》,南通博物苑藏。
② 段勇:《当代中国博物馆》,历史余晖映照下的中国博物馆。

南京博物院

一个令世界瞩目的博物馆。它们的意义更在于作为舶来品的博物馆,在与中国的社会政治制度相结合相适应的过程中,开始了嫁接到中国历史文化主干上的努力。不过,让西方现代文化产物的博物馆与中国传统文化会通融合的努力,是曲折和复杂的。

传播先进科学技术文化、辅助民众教育,在旧中国相当长的一段时间里一直是建立博物馆的主要目的。20世纪40年代,值中华民族危亡之际,当时的教育部甚至通令全国各省,要求各省都要成立一座科学博物馆,此举既可以看作民国时期政府对于应该发展什么类型博物馆的一种倾向性的认识,也可视为带有明显中央政府行为的博物馆发展导向。事实上新中国成立后所建立的为数不少的省博物馆,如山西省博物馆、安徽省博物馆、福建省博物馆、甘肃省博物馆、贵州省博物馆、湖北省博物馆等就是在原科学博物馆或科学馆的基础上重建的。

中华人民共和国正式诞生后,举国上下拉开了建设社会主义现代化国家的序幕。中国博物馆成为社会主义文化事业的一部分,随着文化部文物局的成立,民族文化遗产的收藏和保护受到前所未有的重视。建国初期,从中央到文化部文物局领导层基本上是按照毛泽东有关认识、利用民族历史文化遗产的论述来革新推动博物馆工作的。文化大革命爆发后,对博物馆事业造成的巨大冲击的同时也让人们逐步反思当代人究竟应当以怎样的态度对待古老的历史文化。1978年12月召开的中国共产党十一届三中全会开辟了中国走向现代化的崭新道路。我国博物馆事业的生存环境也随着国家经济社会的发展逐步改善。长期以来中国社会一直存在的博物馆是否对我国的现代化建设具有建设性作用的质疑在逐渐消除。社会对博物馆的认识正在发生积极的变化。中国博物馆正处于历史上最好的发展时期。当代中国正在为实现中华民族的伟大复兴而奋斗，博物馆必须积极、主动地投身于社会主义现代化建设，为中国梦的实现做出自己特有的贡献。

博物馆是人类发展到一定阶段的产物，它是一种文化和社会载体，它从最早的原始形态发展到现代多功能机构，经历了漫长的过程。[1] 当下我国已发展成为博物馆大国。数据截止到2016年底，全国在省级以上注册备案的博物馆已有4873家，另有约300家国有美术馆以及2000多家名为博物馆、美术馆的陈列展馆或私人藏馆。

博物馆将国家社会置于世界之中，将有意义的秩序强加给周围的陌生世界，从而巩固了国家社会的身份，以及它对周围世界要求的合法性。[2] 从宏观博物馆数量这一角度，目前全世界博物馆约有8万家。美国名列第一，其次为德国、法国、俄罗斯、中国。作为一个人口大国，中国目前人均博物馆数量并不高。当前国家之间的竞争不再是单纯的物质竞争，文化的竞争越来越成为国家之间综合实力较量的重要组成部分。博物馆的数量与质量是一个国家综合文化实力的体现。我国在博物馆数量上还有很大的提升空间，但是仅仅增加博物馆的数量并不足以提升我国博物馆事业的综合实力。博物馆的发展不应该以单纯地追求数量为根本，而应当数量与质量发展并重，稳步提升博物馆在我国文化事业发展中的作用。

第二节 何为博物馆藏品

一、何为"博物馆藏品"

随着博物馆事业社会化进程的发展，博物馆工作者开始重新思考博物馆藏品概念。人们发现，"博物馆藏品"这一看起来似乎最简单、明确的概念仍包含着许多值得思考

---

[1] 王国秀：《博物馆建设与旅游业的发展》，《东南文化》2005年第5期。
[2] Tobias Harding,《Culture wars? The (re) politicization of Swedish cultural policy》,《Cultural Trends》, 2021年。

和讨论的课题。博物馆事业的发展对传统"博物馆藏品"观念提出了挑战[①]。在探讨基于博物馆藏品宣传推介方式之前,首先明晰"博物馆藏品"这一概念。王宏钧在《中国博物馆学基础》一书中对"藏品"的定义是:"藏品作为博物馆为了社会教育和科学研究的目的,根据自己的性质,搜集保藏的自然界和人类社会物质文明、精神文明发展的见证物。"[②] 藏品作为博物馆中重要的组成部分,如果没有藏品,一个博物馆就不能够被称之为博物馆了。所以藏品在博物馆中占据着非常重要的地位,如何选择藏品,成为每一个博物馆都必须首先考量清楚的问题。什么东西能够进入到博物馆?什么东西不能够被纳入博物馆的藏品序列?这个问题关系到一个博物馆的定位。正是藏品的选择决定了博物馆是一个怎样的博物馆,它具有哪样的文化属性,希望呈现出人类文明中的哪些组成部分。所以在王宏钧的这个定义中,将博物馆藏品定义为人类物质文明、精神文明发展的见证物,为博物馆藏品所具有的属性呈现出一个大概的轮廓。然而,博物馆藏品的选择就像一个探照灯一样,从幽暗昏晦的人类历史中发现那些闪光的部分,将它们照亮并呈现出来。

四羊方尊　中国国家博物馆藏

---

① 宋向光:《博物馆藏品概念的思考》,《中国博物馆》1996 年第 2 期。
② 王宏钧:《中国博物馆学基础》,上海古籍出版社,2001 年。

高校博物馆学专业课程书籍《博物馆学概论》中对"藏品"的释义为：博物馆的藏品是博物馆根据本馆的性质、特点、任务，按一定标准有计划入藏的具有历史价值、艺术价值和科学价值的有关文物、标本和实物资料等物件，它是国家和民族宝贵的科学文化财产，是博物馆业务活动的物质基础。① 藏品是博物馆一切工作的基础。进行学术研究离不开具体的藏品，博物馆藏品为进行学术研究提供了第一手资料，考古文物也为历史研究提供了准确的证据。如果脱离了这些藏品，博物馆的研究工作将成为无源之水、无本之木。同时，博物馆进行展出与教育活动。也同样离不开博物馆丰富的藏品。这些相关的文物与资料。以生动可感的形式，为人们提供了可供感受和审美接受的对象。而根据这一释义可以明确的是，博物馆的藏品并不限于可移动的馆藏文物，还包括不可移动的建筑物、遗址、墓地等。所谓"收藏"的概念，也由藏于室内而扩大到露天管理。由此可见，博物馆产品的种类可以是多种多样的。它不仅仅可以是陈列在博物馆空间之内的一个个生活的物件，也可以是露天的体量巨大的物品。同时，甚至其他的形式，如声音、影像资料等等，在新的条件下也可以成为博物馆的产品之一。在新时代，我们对藏品的认识也应该有所更新。

对于世界上绝大多数博物院来说，藏品是博物馆存在和发展的基础，也是博物馆与其他机构不同的最主要特征。从本质上看，博物馆是"以藏品为本"的。随着博物馆事业的不断发展，博物馆藏品的范围也逐步发生变化，主要表现为藏品范围随文物范围的拓宽而扩大，由原来传统的可移动的物件扩大到不可移动的文物古迹；藏品收藏也从库房管理扩展到露天博物馆管理；藏品范围随着文物时限的延长而扩展，由传统的古代文物扩展到近代文物、现代文物；藏品范围随着遗产形态的扩展而拓展，由传统的实物拓展到包括非实物记录和非物质文化遗产在内的非实物的文化资源。②

博物馆是一个文化记忆机构，记录并解码不同的文化特征。③ 作为不同国家和地区的博物馆，也应当注意各自的在地性和民族性特征。每一个博物馆都是建立在当地特殊的地理、文化、历史环境当中的，博物馆也应当承担起保护和传承地方文化的责任。现在，人们早已不认为博物馆仅仅是一个特定物品的收藏所，它更是一个公益的社会

---

① 博物馆学概论编写组：《博物馆学概论》，高等教育出版社，2019。
② 博物馆学概论编写组：《博物馆学概论》，高等教育出版社，2019。
③ 安来顺、潘守永、吕军、史吉祥、蔡琴、严建强、曹兵武、王奇志、陈同乐、田名利、王芳、茅艳：《博物馆藏品架起沟通的桥梁专家笔谈》，《东南文化》2014年第3期.

颂簋　山东博物馆藏

教育机构。博物馆的存在不仅仅是因为保存、展现文化财富，它更要利用藏品，为社会发展服务。既要满足当今社会人们的自我认识，能够让人们认清自己从哪里来，从而增强民族认同感，增强自信心。也要让人们清楚自己目前所处的历史阶段，了解当前社会发展变革的趋势。它还需要满足未来社会发展的要求，我们依靠藏品来了解自己在社会发展进程中的位置。同样，我们的后代也需要借助我们的历史阶段来认识他们自己的社会发展阶段。世界上不同地区和国家的博物馆，如果失去了其民族性特征，就会变成一种简单的乏味陈设。对于中国的博物馆来说，在藏品的选择当中就应当更加注意体现我国的民族特征、民族文化、民族生活形态，这也是我国博物馆应当承担的文化使命。在选择藏品的过程当中，选择具有本民族特殊文化属性的历史文化藏品来呈现中华民族的特殊文化风貌。因而，那些能够反映当代社会特点和性质的物品，我们应该给予它们藏品的待遇，这正是"为了明天搜集今天"这一理念的具体表达，以期让后人能够更准确、更全面地来了解我们这一时代的历史。

二、博物馆藏品的特点

按照物品类型和特性，可以把藏品分成三大类，即博物馆藏品、美术馆藏品以及工艺民俗馆藏品。三者有较为鲜明的不同，首先，博物馆更多地着眼于历史和过去，文物藏品是第一手历史材料，是古代文明的载体，是连接今人和古人的直接纽带，文物比文献史料更为真实、直接、可靠。文物藏品一般具有历史、文化、社会、经济、艺术、科技等诸多方面的多元价值，其中文物藏品的历史价值尤为重要。博物馆依据自身性质、任务和社会需要搜集并经过鉴选符合入藏标准，完成登记、编目等入藏手续的文物和自然标本，统称为博物馆藏品。第二，美术馆的藏品一般为绘画、雕刻、拓印等作品，美术馆主要是对于当前的思考与对未来的展望与思考。第三是工艺民俗馆藏品，倾向于工艺制作、非遗传承，具有较强的民生性，藏品往往是人民生活中息息相关的物品，工艺民俗馆藏品是时代发展的见证物。

现在，我国有了越来越多种类的不同类型博物馆。这些不同类型的博物馆也应当选择各自具有特殊属性的产品来进行展出。不同类型的博物馆进行藏品的征集、归纳、整理，应当体现出自身的属性。对于美术类博物馆，审美属性应当是其征集藏品的主要属性。而对于一个民俗博物馆来说，则更应当收集民间日常使用的生产生活用具，通过具体的民间生活器物展现普通民众具体生动的生活。博物馆呈现的是属于一个民族和地区的文化记忆。对于任何一个民族和地区来说，其生活和文化都是异彩纷呈的，通过单一门类的博物馆并不能够呈现全面的民族地区生活。而不同种类的博物馆，实际上起到了展现民族文化不同面向的功能。

若要进一步将博物馆藏品与其他类别藏品作区分，就需明确博物馆藏品具备的特点。

（一）博物馆藏品应当具备的基本条件是必须具有历史的或艺术的或科学的价值

藏品是人类和人类环境的实物见证，它能从不同的领域，通过不同角度，真实地反映事物的本来面貌，是人们认识人类社会和自然界的原始实物资料。藏品是博物馆的立本核心，[1] 藏品中的历史文物，能反映人类社会发展的历史，反映一个国家的政

---

[1] 沈辰：《构建博物馆：从藏品立本到公众体验》，《东南文化》2016年第5期。

绣鞋　洛阳民俗博物馆藏

治、经济、军事、科学技术和文化艺术，反映一个民族的生产情况、生活情况和风俗习惯等，这些就是历史文物的历史价值。

收藏的价值在于深入发掘藏品的深层内涵，[①] 如果仅仅是简单的藏品陈列，并不能构成一个博物馆所具有的属性。博物馆当中的这些藏品，并不是以随机的形式陈列在博物馆空间当中的。在理想的状态下，博物馆中的任何一些藏品都应该有其完整序列，都应该呈现为一种在历史氛围当中的具体呈现。如果脱离了一定的语境，每一件藏品都不再具有其真正的历史意义。因此，博物馆要做的并不是简单地陈列一件又一件的藏品，而是将这些藏品按照一定的逻辑关系，展现为一定的历史顺序和历史逻辑。因此，具体的学术研究和深入的探索，对于博物馆来说是必不可少的一件事情。挖掘这

---

① 宋才发：《民族博物馆文物收藏职能及规范探讨》，《贵州民族研究》2012 年第 2 期。

《父亲》　中国美术馆藏

非洲象标本　山东博物馆藏

些历史文物的深层内涵,并不是一个简单的事情,它需要有专业的人才进行专门的理论研究。在研究的基础上,博物馆根据这些藏品进行具体的布置、展示,同时撰写相应的分析研究文章和科普文章。在布置过程当中,根据藏品所在的空间安排说明文字。通过一件又一件的具体藏品与这些关于藏品的陈述,博物馆构成了一种历史的氛围和文化史范围。藏品中的艺术珍品,不仅具有历史价值,还有很高的艺术价值,展现了历代艺术的成就及各种流派和风格,为人们研究古代艺术的演变和各种艺术技巧,提供了实物例证。藏品中的自然标本,不仅可以反映宇宙的结构,自然资源的分布,生物的繁衍,动植物的进化,也可以帮助人们了解过去,把握现在,探索未来,了解自然界的发展规律,不仅具有历史价值,还有很高的科学价值。

(二) 藏品具有不能进行再生产的特性

博物馆的藏品,本身必须是文物和自然标本,但文物和自然标本并不一定都是博物馆的藏品。文物和标本转化为博物馆的藏品,要具备必要的条件,符合博物馆的收藏标准,并按照特定的工作程序,完成登记、编目等入藏手续。当文物和自然标本成为博物馆的藏品时,它就具有了特殊的意义,是国家宝贵的科学文化财产,是博物馆进行业务活动的物质基础,需要科学地加以保护,长久保存下去。如果管理不善,保护不好,一旦使藏品遭到不应有的损毁,就会造成不可弥补的损失。博物馆的藏品是原始实物资料,与其他物品不同,不能进行再生产,也不能用其他物品代替,即使能够按照藏品的原状制作出来,或者能够找到同样的物品进行替代,则已失去了原物固有的意义和价值。因此,在博物馆藏品保护的过程中。专业的、科学的保护措施是必不可少的。因为博物馆藏品具有不可再生性,每一件藏品的破坏都将成为不可挽回的损失。对博物馆藏品的修复保护,应当遵循"修旧如旧"的原则。但直到现在我们仍然能够看到很多破坏性"修复",不但没有起到保护文物藏品的目的,反而对这些文物造成了更大的破坏。将收入藏品序列的藏品进行编目和妥善管理,避免因管理不善而造成的藏品流失,避免因过度修复而造成的藏品破坏,这些都是博物馆要进行的最为基础的工作。

(三) 藏品具有广博性[①]

博物馆藏品的范围很广,既有前人遗留下来的文物,又有考古发掘出来的文物,

---

① 博物馆学概论编写组:《博物馆学概论》,高等教育出版社,2019。

还有搜集收藏的各种自然标本、科技成果和工农业产品等。由于藏品是一定物质形式的文化载体，是反映人类社会和自然界的实物见证，随着社会的迅速发展，各种专业博物馆的不断产生，博物馆的收藏范围将不断扩大，作为历史真实记录的藏品必然具有从古到今、范围宽广、门类众多、内容广泛、形式多样、数量浩瀚的广博性特点。博物馆的藏品概念已远远超出传统的内涵和外延，过去认为只有过时的、古老的东西才能由博物馆收藏，现在最新的、最尖端的科技成果和工农业产品也被博物馆收藏了。不论是哪一种类型的博物馆，都需要丰富的藏品作为展出的预备和研究的一手材料。尽管不同类型的博物馆所面对的藏品类型是各有不同的，但是对于任何一个博物馆来说，仍然应当就其所针对的藏品类型进行最为广泛的收集和收藏。哪怕这一博物馆的藏品聚焦于某一个极小的特殊领域，如钱币、服饰、陶瓷，甚至宣纸、乐器等较为专一的藏品类型，这些对藏品收藏具有针对性博物馆，也应当在其各自的特定领域尽可能收集更多的藏品。只有具有了丰富的产品，才能够对这一领域进行更为集中的展示和研究。藏品收藏的分散，对于任何一个博物馆来说都不利于工作的展开。

在明晰了博物馆藏品的特点后，笔者认为文物藏品与博物馆的功能存在以下关系。博物馆内的文物藏品是博物馆收藏的记录和反映人类社会和自然界发展历程的文物证据，是博物馆工作的重要基础之一。由于具有历史、艺术、科学等众多价值，文物藏

矿物　山东博物馆藏

品对博物馆功能的发挥起到至关重要的作用。随着公众对现代博物馆功能提出了新的要求，我们有必要探讨文物藏品与博物馆功能之间的关系。在我国博物馆100多年的发展历史中，收藏、研究、展示、教育是博物馆功能最基本的表现，进入21世纪以后，博物馆作为公益性文化事业的功能要被提出来。博物馆从产生之初的为贵族、社会上流服务到少数人陈列、研究的聚集地，再到如今成为社会大众的文化殿堂，博物馆开始显示它在社会中应该发挥的效力。以收藏为目的的单一传统型博物馆已逐渐被人们摒弃，取而代之的是以教育为目的的多元化现代型博物馆，博物馆的工作重心也由"以物为重心"发展到"以人为本"。博物馆不再是单纯收藏文物的库房，也不再是学术成果的无声展示会，博物馆已经走下神坛，变成一个平等的学习、探索场所。

博物馆存在的物质基础除了文物藏品之外，还有馆舍建筑、工作人员、展厅中的辅助展品和工具等。文物藏品在其中确实占据了重要地位，是实现陈列展示、社会教育和科学研究的实物资料，但在考察和讨论博物馆藏品与博物馆功能的关系时，需要从既往的思维定式中解脱出来，不能简单地认为博物馆藏品就是博物馆的物质基础，也不能简单地依据物质基础决定上层建筑推导出博物馆藏品就是决定因素。前面强调了对博物馆来说，博物馆产品的收集、归纳、整理、编目、修复等保护工作是博物馆的基础性工作。但对于一个博物馆来说，其真正的实力并不仅仅体现在产品丰富性这一单面上，除了藏品物质实体的大量收藏，博物馆的实力更体现在研究工作的"软实力"。对博物馆来说，研究能力的高低代表了这一博物馆的"软实力"。当有了大量高质量的藏品之后。对这些藏品进行归纳、梳理、总结和研究，是博物馆要进行的进一步工作。如果仅仅拥有大量的藏品而没有对这些藏品进行研究工作，那么这些藏品也仅仅是作为物质实体的器物而存在，无法通过其展现出民族、地区丰厚的历史文化内涵。博物馆要对这些收藏的藏品进行归纳总结和梳理研究，在研究的基础上，将藏品归纳总结为一整套完整系统，通过藏品的具体可感的形式让每一个进入博物馆参观的人，都能够真切地感受到这一地区和民族的文化传统和风俗习惯。

首先，两者相辅相成，相互依存。由于文物藏品珍贵的历史、艺术、科技等价值，吸引众多观众来到博物馆中进行观赏。但是文物藏品想要被有效利用还需要依托博物馆提供研究人员、经费、设备等硬件条件，如果没有这些条件的投入，文物藏品只能被存放在库房之中。

其次，二者是整体与局部的关系，在发挥博物馆功能时要具有整体意识。文物藏品是博物馆功能的一部分,与博物馆人员、设备、建筑等共同组成博物馆整体。要处理好文物藏品与其他物质基础的关系,不可"唯物至上",更不可将文物藏品凌驾于工作人员之上。博物馆功能的发挥需要馆内各部分共同工作,借助整体效益来利用和保护文物藏品,通过研究这些文物藏品发掘出博物馆的文化内涵与文化精神。

博物馆的管理是一种综合性的工作,博物馆管理的对象既包括作为物质实体的藏品,也包括博物馆运营人员的组织构架。要将博物馆的物质实体(藏品、展馆等)与博物馆办事人员统一起来,进行统筹规划,将二者同样放在非常重要的位置上。不能够因为重视藏品的保护而忽视人员管理,也不应当因为对博物馆人员管理的关注而忽视对藏品的保护。这两种不同的管理对象,都是博物馆非常重要的资源。博物馆管理体制是一种整体性构成,需要遵循一些惯例性的原则。在一些情况下,这些组织管理具有一定的保守性特征。但保守性在这里并非简单的贬义。因为博物馆所具有的特殊属性,在严格遵循惯例原则的条件下,虽然有时会降低办事效率,但在很多时候也能够最大程度减少藏品的损失和破坏。同时对于博物馆藏品和博物馆人员两种不同的管理对象,应有不同的管理方式、方法,管理学手段在此显得尤为重要。因此对博物馆来说,不仅仅需要考古学、历史学、博物馆学等方面的人才,管理学人才也是对博物馆来说非常需要的人才资源。

随着新博物馆学产生,学界开始关注博物馆与环境的关系、博物馆与文化多样性、博物馆与大众等更多方向,博物馆功能也随着大众需求的增多而拓展。博物馆已经逐渐将人放在中心位置,开放式展陈、互动式参与、活动式教学、综合研学实践等多样的活动,鼓励参与者选择适合自己的方式获得所需的实践性知识,提升总结经验的能力。① 博物馆提供了藏品与接受者之间发生关系的场域空间。在这一博物馆空间中,将何者放在更为重要的位置上是博物馆需要考虑的问题之一。以往的博物馆仅仅是将藏品呈现出来,并没有考虑接受者与藏品之间的相互关系。在接受美学的立场上,接受者对观赏对象的认识和理解是受到场域空间的重要影响的。博物馆藏品的布置、灯光等一系列环境问题都会影响接受者对藏品的主观感受。将接受者放在更为重要的位置上。通过接受者的眼光去审视博物馆展览藏品的陈列,现在越来越受到诸多博物馆的重视。在很多博物馆当中。通过特殊的展览方式。让接受者和观众参与到博物馆当中。

---

① 焦郑珊:《博物馆教育的实践性研究》,《自然辩证法研究》2012年第12期。

越来越多的博物馆通过创新展览方式,让博物馆的观众亲身参与其中,在由真实藏品构建的环境当中身临其境地感受其历史文化氛围,通过亲手操作理解古代器物的真实使用方式,甚至如亲手组装古代建筑构件来理解古代榫卯结构的构成方式……这些博物馆所进行的一系列创新,都体现出以接受者为中心,关注了接受者与藏品之间的主体间性,使接受者与藏品之间发生更为深入的联系,而不是简单地一览而过,这将使接受者在参与的过程中对藏品产生更为深入的理解。

我们不仅记录过去,也开始反映现在和未来;不仅重视文物藏品,也注重服务大众。在此背景下,博物馆中文物藏品虽然已经走下神坛,但仍然是博物馆工作的重中之重,要处理好文物藏品与博物馆其他因素之间的关系,同时也需要博物馆与外界单位之间、博物馆学科与其他学科之间相互交融。① 博物馆与其他学科的跨学科研究也变得非常的重要。仅仅就陈列方式而言。科技的 VR 技术、AR 技术等一系列新的科学技术领域,为博物馆的展出陈列提供了新的方式方法。忽视这些新的科技手段,博物馆只能够越来越落寞,逐渐被历史所淘汰。而如果博物馆抓住这些新时代所带来的科技成果,与这些科技领域之间进行跨学科的合作,博物馆有可能变陈旧为时尚,在当代焕发新的生机与活力。

三、我国博物馆藏品的规模 ②

中华文明历史悠久而灿烂,博物馆收藏过去、保存文物;立足当下、开展研究,走向未来,讲好中国故事。我国博物馆事业呈现一派欣欣向荣的发展趋势,全国博物馆数量不断增加,博物馆藏品规模日益扩大,表现出以下特点。

(一)近年来全国博物馆藏品数量增长迅速

根据《中国文化文物统计年鉴》的统计数据,1995 年全国博物馆行业共有藏品1133 万件(套),到 2005 年增至 1996 万件(套),十年间共增长 863 万件(套)。至 2006 年,全国博物馆藏品总数为 1302 万件(套),2011 年增长至 1902 万件(套),五

---

① 博物馆学概论编写组:《博物馆学概论》,高等教育出版社,2019。
② 刘书正:《中国博物馆藏品规模与结构研究》,《中国博物馆》:2021 年第二期。

年间增长了600万件（套）。

尤其是党的十八大以来，全国博物馆藏品数量依然呈现出高速增长势头，从2012年到2019年增加近1637万件（套），超过了2006年全国博物馆藏品数量，体现了近年来博物馆藏品数量增长速度快。不过，落实到每年度来说，我国博物馆藏品增速并不稳定，其中2013年最快，同比增长17.30%，而2018年增长最慢，仅为2.51%。

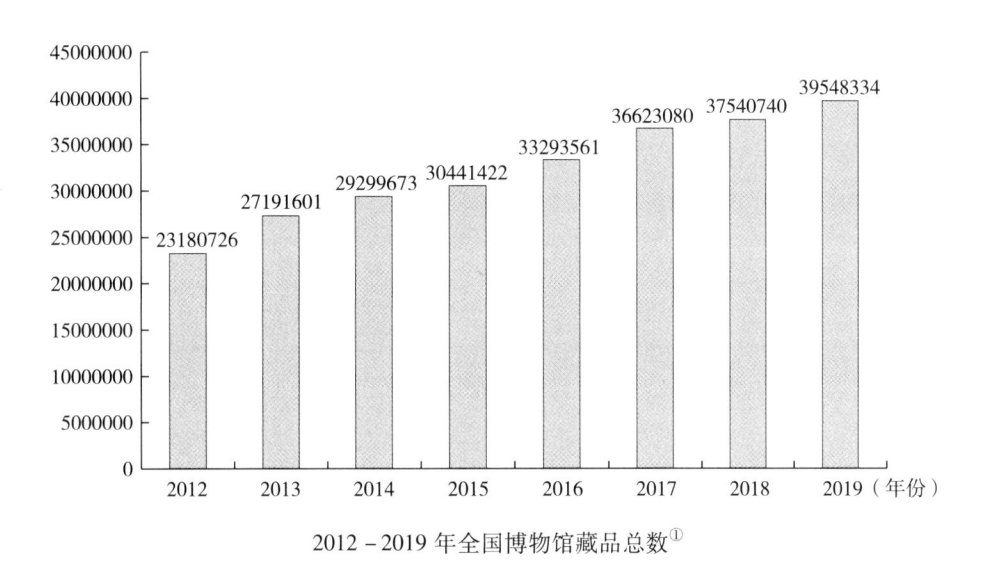

2012-2019年全国博物馆藏品总数[1]

（二）博物馆藏品数占全国可移动文物数量的比重逐年上升

根据《全国第一次可移动文物普查数据报告》数据，截至2016年底，我国博物馆、纪念馆共收藏可移动文物41963657件，占所有可移动文物的65.49%[2]，即中国有近三分之二的可移动文物收藏于各级博物馆之中。

从《中国文化文物统计年鉴》的数据可以看出，博物馆藏品数量占文物业藏品数量的比重稳步上升，从2012年的66.13%逐步攀升到2019年的77.09%，这与近年来博物馆数量的增长以及博物馆藏品数量的增长趋势有直接关系。

---

[1] 数据来源：中华人民共和国文化和旅游部编：《中国文化文物统计年鉴2013》《中国文化文物统计年鉴2014》《中国文化文物统计年鉴2015》《中国文化文物统计年鉴2016》《中国文化文物统计年鉴2017》《中国文化文物统计年鉴2018》《中国文化和旅游统计年鉴2019》《中国文化文物和旅游统计年鉴2020》。

[2] 数据来源：国务院第一次全国可移动文物普查领导小组办公室．第一次全国可移动文物普查数据公报[N]．中国文物报，2017-4-8（15）。

年份	文物业藏品数（件/套）	博物馆藏品数（件/套）	占比（%）
2012 年	35054763	23180726	66.13
2013 年	38408446	27191601	70.80
2014 年	40635827	22299673	72.10
2015 年	41388558	30441422	73.55
2016 年	44558807	33292561	74.72
2017 年	48506647	36623080	75.50
2018 年	49604379	37540740	75.68
2019 年	51301927	39548334	77.09

2012－2019年博物馆藏品占比情况①

（三）我国博物馆藏品规模仍有较大提升空间

自新中国成立后，博物馆事业在几代文博人的共同努力下逐步发展，取得可喜的成绩，我国博物馆藏品数量从1000万件（套）增长到近4200万件（套）。但即便如此，我国博物馆以及藏品数量、规模与世界上许多发达国家相比仍存在不小的差距。根据美国史密森协会官方公布数据，其下属博物馆集群共有藏品1.4亿件。② 甚至，我国可移动文物的总量都不足一些发达国家中一家博物馆的馆藏数量。我国博物馆事业任重而道远。

从宏观来看，近年来我国藏品规模不断提升、藏品数量日益增加。但若从增速来讲，呈现波动变化。自建国至改革开放前，我国博物馆规模和数量增速较快，改革开放后30年总体增速较缓。第一次全国可移动文物普查的统计数据显示，1977－2000年间我国入藏的可移动文物数量最多，为26273477件（套），占总量的41.01%。2001年以后入藏数为16672627件（套），占总量的26.02%。③ 21世纪以来，我国博物馆藏

---

① 数据来源：中华人民共和国文化和旅游部编：《中国文化文物统计年鉴2013》《中国文化文物统计年鉴2014》《中国文化文物统计年鉴2015》《中国文化文物统计年鉴2016》《中国文化文物统计年鉴2017》《中国文化文物统计年鉴2018》《中国文化和旅游统计年鉴2019》《中国文化文物和旅游统计年鉴2020》。

② 史密森学会藏品情况介绍［EB/OL］．［2021－01－30］．https：//www.si.edu/collections.html.）；英国自然历史博物馆官网显示，其藏品总数超过8000万件；英国自然历史博物馆：关于我们［EB/OL］．［2021－0130］．https：//www.nhm.ac.uk/about－us.html.

③ 刘书正：《中国博物馆》，《中国博物馆藏品规模与结构研究》2021年第二期。

品数量增速渐缓,在扩大藏品规模方面,我国博物馆迎来挑战。

可移动文物入藏时间范围	可移动文物实际数量（件）	数量占比（％）
合计	64073178	100.00
1949年10月1日前	10383278	16.21
1949年10月1日－1965年	8478646	13.23
1966年－1976年	2265450	3.54
1977年－2000年	26273477	41.01
2021年至今	16672627	26.02

我国可移动文物入藏时间情况统计表①

四、我国博物馆藏品的区域分布

我国幅员辽阔,地区间自然和人文遗产分布不均,各地社会、经济、人文条件也不尽相同……这些因素共同导致全国各地博物馆事业的起点和发展水平不同,博物馆藏品在区域分布上表现出不同的特点。

（一）近半数藏品收藏于东部地区博物馆中

从《中国文化文物和旅游统计年鉴2020》统计数据可得出结论:我国东部地区博物馆藏品的数量较中西部地区遥遥领先,中部地区和西部地区博物馆藏品数量大致持平。2019年我国东部地区博物馆共有藏品约1912万件（套）,中部地区约907万件（套）,西部地区约1136万件（套）,东部地区博物馆藏品约占总数的一半。

由中华人民共和国文化和旅游部编写、发布的《中国文化文物和旅游统计年鉴2020》数据,可得出全国六大区域博物馆藏品数量自高到低排名依次为:华东、华北、西南、中南、西北、东北。导致华东和华北地区博物馆藏品资源丰富的主要原因包括:经济发达、公众对博物馆需求较大,加之区域内历史文化遗存丰富,拥有北京、南京等古代都城和重要城市。

---

① 国务院第一次全国可移动文物普查领导小组办公室. 第一次全国可移动文物普查数据公报［N］. 中国文物报,2017－4－8（15）.

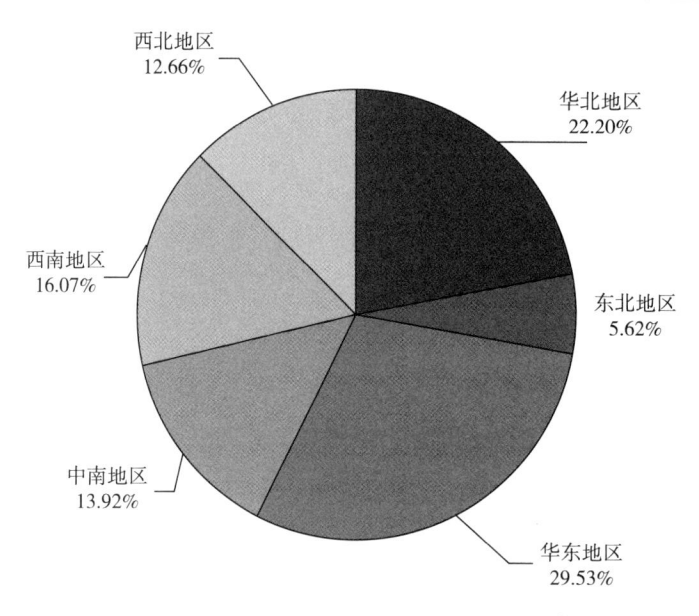

2019年全国六大区域博物馆藏品占比情况①

(二) 近四成省（市）博物馆藏品数超过百万

根据2019年各省数据，在除港澳台地区外的全国31个省、市、区中（统计数据中缺少香港、澳门、台湾的数据），共有12个省、市的博物馆藏品数超100万件/套的，它们分别是：北京、山东、陕西、四川、湖北、上海、江苏、云南、浙江、山西、广东、河南。

北京既是古都，又是首都，占据得天独厚的优势地位，在全国范围内北京的博物馆藏品最多，有534万件（套）。华东地区的山东、上海、江苏、浙江经济较为发达，为满足公众日益增长的精神文化需求，上述四省、市博物馆事业得到快速发展。陕西、河南、山西、湖北、四川等地作为人文历史璀璨之地，藏品数量同样占据一席之地。云南因其丰富的自然资源，自然标本等藏品数量庞大。相比之下，内陆地区及经济欠发达地区的藏品数量较少，其中西藏文物藏品最少。

中国国家博物馆刘书正指出，在藏品数超过百万的12个省、市中，博物馆数量排全国前十位的就有8个，而藏品相对较少的省、市，与之对应，博物馆数量也相对较少。这说明各省（区、市）博物馆藏品的数量与该省（区、市）拥有博物馆的数量之

---

① 中华人民共和国文化和旅游部编：《中国文化文物和旅游统计年鉴2020》。

间具有一定的正相关性。

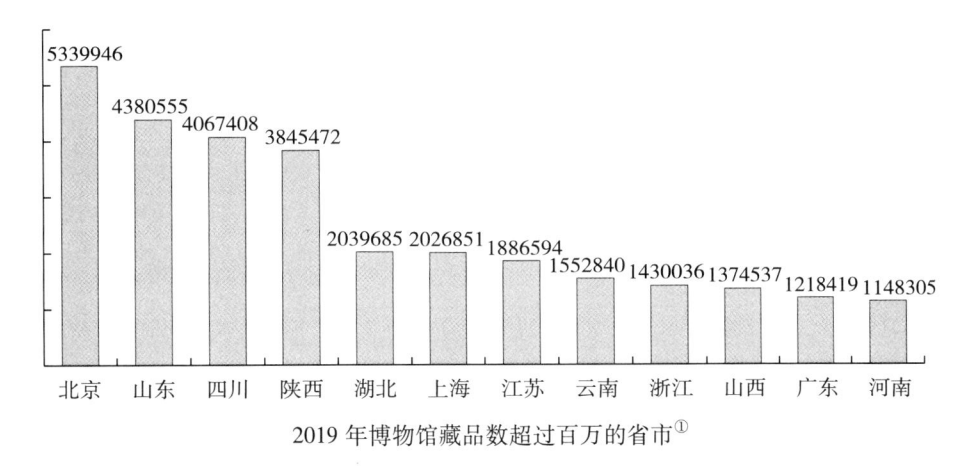

5339946	4380555	4067408	3845472	2039685	2026851	1886594	1552840	1430036	1374537	1218419	1148305
北京	山东	四川	陕西	湖北	上海	江苏	云南	浙江	山西	广东	河南

2019年博物馆藏品数超过百万的省市①

各省博物馆数量位序		各省博物馆数量位序	
排名	省（区、市）	排名	省（区、市）
1	山东	1	北京
2	浙江	2	山东
3	江苏	3	四川
4	河南	4	陕西
5	陕西	5	湖北
6	四川	6	上海
7	广东	7	江苏
8	甘肃	8	云南
9	安徽	9	浙江
10	湖北	10	山西
11	黑龙江	11	广东
12	山西	12	河南

2018年全国博物馆数量与博物馆藏品数量位序情况②

值得注意的是，根据2015-2019年的统计数据，四年来宁夏、海南两省（区）博物馆藏品数量出现成倍增长，分别增长了254.22%和233.17%。尤其是海南，从2015年仅45155件（套）藏品增长到2019年的150445件（套），从博物馆藏品最少的梯队中脱离出来。同时，山东、内蒙古、山西、吉林、陕西等省（区）的藏品增长也较为迅速，分别增长120.86%、84.36%、46.89%、45.30%和41.28%。

---

① 中华人民共和国文化和旅游部编：《中国文化文物和旅游统计年鉴2020》。
② 中华人民共和国文化和旅游部编：《中国文化文物和旅游统计年鉴2020》。

地区	2015年	2016年	2017年	2018年	2019年
总计	41388558	44558807	48506647	49604379	51301927
北京	3678397	3684368	4356056	4422918	4426246
天津	1025328	986885	1055710	1049957	1056414
河北	613234	558198	533944	553930	564751
山西	1197673	1197673	1626580	1799227	1759224
内蒙古	572423	731444	754368	1009656	1055315
辽宁	754521	827168	624845	644488	890550
吉林	461091	482126	658898	653784	669961
黑龙江	773220	1013359	1018121	990509	1016202
上海	3850202	4005831	4608884	4692055	4907843
江苏	2601976	2519959	2659818	2676969	2839683
浙江	133184	1446109	1532324	1504325	1554476
安徽	1021742	1006694	1023988	1057972	1086317
福建	561053	541462	648149	710838	684439
江西	609512	517401	627413	626591	614664
山东	2090547	4306999	4506067	4506001	4617164
河南	2101398	1963555	2001997	2065508	2102575
湖北	1947865	1980655	2076765	2112271	2451046
湖南	985246	976723	1000353	1012975	1016508
广东	1283237	1290857	1362898	1398121	1561236
广西	508649	344351	324351	379337	388157
海南	45155	75795	80486	166662	150445
重庆	689914	603577	643174	625321	624807
四川	3679655	4455953	4301584	4241906	4312962
贵州	139048	149523	192914	182108	153374
云南	1301043	1345420	1394886	1518885	1668431
西藏	262984	278587	276213	265886	287755
陕西	2885836	2617470	4404127	4046736	4077113
甘肃	609895	573857	537364	556849	695668
青海	179008	189988	103128	93724	81858
宁夏	103783	75362	387188	395521	367622
新疆	241046	228183	246548	245892	262365

2015－2019年全国各省（区、市）博物馆藏品数量（单位：件/套）①

---

① 中华人民共和国文化和旅游部编：《中国文化文物统计年鉴2015》《中国文化文物统计年鉴2016》《中国文化文物统计年鉴2017》《中国文化文物统计年鉴2018》《中国文化和旅游统计年鉴2019》《中国文化文物和旅游统计年鉴2020》。

五、我国博物馆藏品结构[1]

(一) 博物馆藏品高度集中于省级以上博物馆

中华人民共和国文化和旅游部编写的《中国文化文物和旅游统计年鉴 2020》中提到：我国博物馆隶属关系为中央、省（市、区）、地（市）和县市（区）级。2019 年全国县级博物馆藏品数量最多，为 1753 万件（套），占总量的 44.33%。中央及省级博物馆藏品数量占 35.25%，有 1394 万件（套）。虽然在藏品总量上县级博物馆高于中央及省级博物馆，但不可忽视的是县级博物馆基数大，数量达 3855 座，平均到每个县级博物馆仅为 4548 件（套）藏品。相比之下，三座中央属博物馆共有藏品 330 万件（套），平均每座博物馆拥有 110 万件（套）；而省级博物馆共 150 座，平均拥有藏品 7 万件（套）。由此看出，我国博物馆的藏品资源是从地方向中央呈指数级高度集中的。[2]

隶属关系	机构数（个）	博物馆藏品数（件/套）	平均拥有藏品数（件/套）
中央	3	3306602	1102200
省区市	150	10634736	70898
地市	1124	8075103	7184
县市区	3855	17531893	4548

2019 年全国各级博物馆藏品数量表[3]

(二) 近半数藏品收藏于综合性博物馆中

根据主要藏品的不同和工作的侧重，在《中国文物文化统计年鉴》中将我国博物馆分为五大类，分别是综合性、历史类、艺术类、自然科技类和其他博物馆。就 2019 年举例，综合性博物馆藏品数占总体的 43.22%；历史类博物馆占 24.70%，艺术类和自然科技类博物馆藏品数相对较少，仅有 6.09% 和 10.08%；而其他类博物馆由于包含

---

[1] 刘书正：《中国博物馆藏品规模与结构研究》，《中国博物馆》2021 年第二期。
[2] 刘书正：《中国博物馆藏品规模与结构研究》，《中国博物馆》2021 年第二期。
[3] 中华人民共和国文化和旅游部编：《中国文化文物和旅游统计年鉴 2020》。

类型广泛，藏品数量也较多，占比 15.91%。

	2012 年	2013 年	2014 年	2015 年	2016 年	2017 年	2018 年	2019 年
总数	23180726	27191601	29299673	30441422	33293561	37540740	37540740	39548334
综合性	11480135	13301703	14357900	14470159	15277363	15525628	16387457	17094403
历史类	6808182	6292906	6512471	6475151	6798964	8599133	8864766	7967738
艺术类	1543104	1749465	1832059	1872500	2326854	2390623	2389777	2408486
自然、科技类	1581131	2308201	2530411	2350882	2882173	3708443	3780872	3986713
其他	1768174	3539326	4066832	5272730	6008207	6399253	6117868	6290997

2012–2019 年全国博物馆藏品总数情况（单位：件/套）①

从上表 2012 年至 2019 年各类型博物馆藏品数量可知，近半数藏品收藏于综合性博物馆中。近年来其他类博物馆迅速发展。历史类博物馆 2012–2016 年间藏品数量占比日益下降。

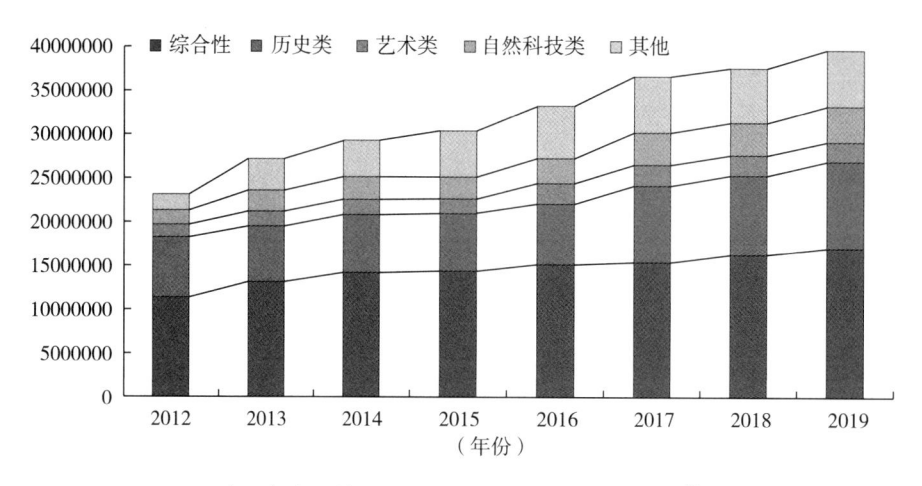

中国各类型博物馆藏品数量（2012–2019 年）②

---

① 中华人民共和国文化和旅游部编：《中国文化文物统计年鉴 2013》《中国文化文物统计年鉴 2014》《中国文化文物统计年鉴 2015》《中国文化文物统计年鉴 2016》《中国文化文物统计年鉴 2017》《中国文化文物统计年鉴 2018》《中国文化和旅游统计年鉴 2019》《中国文化文物和旅游统计年鉴 2020》。

② 中华人民共和国文化和旅游部编：《中国文化文物统计年鉴 2013》《中国文化文物统计年鉴 2014》《中国文化文物统计年鉴 2015》《中国文化文物统计年鉴 2016》《中国文化文物统计年鉴 2017》《中国文化文物统计年鉴 2018》《中国文化和旅游统计年鉴 2019》《中国文化文物和旅游统计年鉴 2020》。

（三）归纳梳理

虽然我国博物馆藏品数量众多，品类丰富，但是规模和结构上与发达国家还存在一定差距，在藏品管理和使用上还有些问题亟待解决，博物馆人面临着机遇和挑战。刘书正从以下三个方面给予建议。第一，进一步扩大藏品规模，持续推进藏品征集工作。尽管早在20世纪90年代就有学者针对古代文物入藏渠道不畅通、文物机构不定时向博物馆移交藏品、博物馆没有做到及时展出最新考古成果等问题提出呼吁，但时至今日问题仍没从根本上得到解决。建议博物馆调整征集理念，扩大博物馆收藏范围，发掘时代见证物资源等，博物馆成为时代的见证者和参与者。博物馆需制定征集规划，加强与考古单位的沟通，畅通考古成果的入藏方式。第二是推进藏品定级工作，提升藏品保护和利用的效率和品质。第三是进一步提升藏品管理水平。加强文物保护，有计划地开展文物修复。注重专业人才培养，强化培训体系和机制。[1]

---

[1] 刘书正：《中国博物馆藏品规模与结构研究》，《中国博物馆》2021年第二期。

第二章 基于藏品的推介方式

第一节 以展览为手段的推介活动

一、陈列展览是博物馆工作的核心业务

纵观"博物馆定义"的发展历程,收藏和展示一直是博物馆工作不可缺少的重要环节。展览既是博物馆人的重要工作,也是观众认识博物馆的有效途径,通过展览可以综合反映出一家博物馆的藏品规模、研究水平、策划水平、服务社会公众能力等信息。往往一个出色的展览就可以代表一家博物馆,展览在博物馆工作中具有举足轻重的地位。

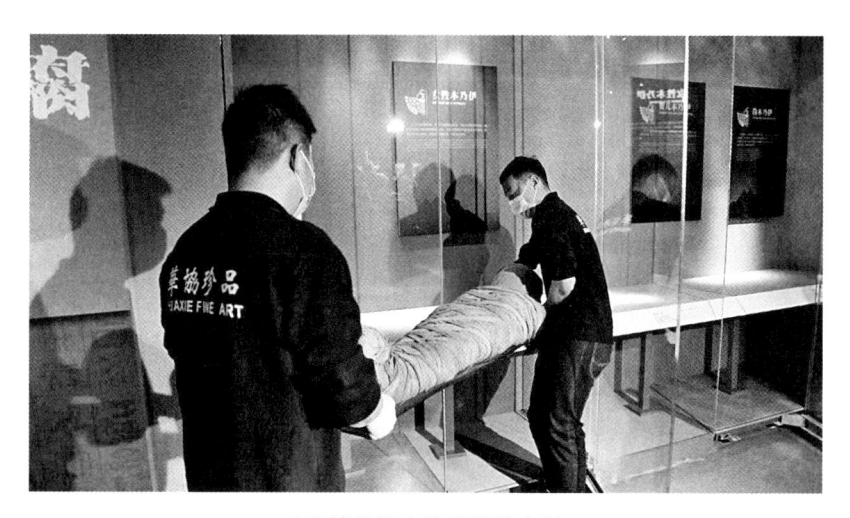

山东博物馆古埃及展览布展

在西方语境中,"Curator"通常是指在博物馆、美术馆等非营利性艺术机构专职负责藏品研究、保管和陈列,策划组织展览活动的专业人员。虽然这个词源于拉丁语,但在英语中却演变为"监护人"或"监督者"的意思。从1362年开始,"curator"被用来表示照顾(或监管)未成年人或疯子的人,1661年开始表示负责博物馆、图书馆、动物园或其他展览场所的人。在每一种情况下,它都有等级的含义——curator是主持某事的人,暗示着照顾和控制之间的内在关系。[①] 在小型博物馆中curator就是馆长。Curator的职责包括管理藏品、策划陈列展览、开展研究、辅助宣教工作等,通常把Curator翻译为"策展人",这也反映出展览在博物馆业务中的重要地位[②]。对博物馆来说,博物馆策展人就像是乐队中的指挥家,是调度藏品的核心。如果一个乐队中没有指挥,那这个乐队中不同乐器的演奏将会杂乱无章。而一个博物馆如果没有策展人,不同的藏品也将呈现为一种无序状态。策展人要做的就是将这种无序整理为一种有序,通过一种环境的排列和序列的梳理,将博物馆中的藏品有序地呈现在观众面前。策展人还是博物馆藏品的研究者和保管者,对其所负责的展览负责。在一次次策展活动中,博物馆能够吸引一批又一批的观众不断地进入博物馆进行多次参观,博物馆策展人也要在一次次新的策展活动中不断进行创新,从而不断吸引新的观众参与其中。

南京师范大学文物与博物馆学系副教授黄洋认为,博物馆相关的物有三种形态,它们分别是历史情境下的物、博物馆藏品和博物馆展品。其中,历史情境下的物即处于物的制作、使用等原始状态。而物一旦脱离了原生环境,改变时空背景,被博物馆收藏后,就会成为藏品,进而在博物馆展厅这一特定空间进行阐释,意义被激发或发生变化。将这些古代社会的"物"置身于博物馆陈列展览中,它们就成为了博物馆展品。

陈列展览的公众展示经历了一个从"窄"至"广"而后又变"窄"的过程。首先,陈列展览从私人收藏的自我欣赏到面对特定贵族人群小范围开放,再到无门槛地面向社会公众展示开放的阶段。其中,博物馆展览的陈列方式也从18世纪中叶以前基于简单分类的陈列方式,18世纪下半叶至19世纪上半叶的基于科学分类学的陈列方式,再到19世纪下半叶的通俗性陈列,又到20世纪上半叶开始的标准化运动和20世

---

① Fowle K,《Who cares? Understanding the role of the curator today》,《Cautionary tales: Critical curating》,2007年。
② 卫艳:《论美国博物馆中"Curator负责制"——以方闻时期的纽约大都会艺术博物馆亚洲艺术部为例》,《中央美术学院》2009年5月期。

纪70年代以来的无橱窗化运动。整个展览方式的发展与变革正是博物馆不断开放、贴近公众的表现，也是博物馆逐渐走向公共性的体现。而互联网出现后，社会的发展日益多元，观众的个性越来越受尊重，科学技术的更新也给博物馆陈列展览的多维度传播提供可能。因受众分流而产生了新型传播形式，包括点对面和点对点传播。此时的"窄播传播"又称作"分众传播"或"小众传播"。而新时期出现的"分众化"和"窄播化"都给策展人员提出了更新、更高的要求。简言之，在新时期的窄播传播下，博物馆陈列展览注重的不再是观众类型的"广"，而更追求观众群体类型的"窄"。通过对陈列内容的完善，使之更具有针对性、具体性。在策划博物馆的展览时，在设计细节处要有"广播"意识，而在"广播"过程中也要考虑"窄播"的特殊需求。若是能做到"窄播"与"广播"的双向转换则是较为理想的状态。

（一）展览是博物馆的第一件展品

博物馆藏品是向观众传达历史信息的媒介。这些藏品只有在展出的过程中才能够发挥其传达历史文化信息的媒介功能，如果藏品只是藏在暗无天日的库房当中，则其媒介功能完全没有办法发挥出来。南京博物院龚良院长曾说："展览是博物馆的第一件展品，博物馆最有创意的文创产品应该是展览。"《中国博物馆学基础》一书中，对博物馆陈列作如下定义："博物馆陈列是在一定空间内，以文物标本为基础，配合适当辅助展品，按照一定的主题、序列和艺术形式组合成的，进行直观教育和传播信息的展品群体。"[①] 包豪斯著名的现代设计大师莫霍利·纳吉曾经说过"设计并不是对制品表面的装饰，而是以某一目的为基础，将社会的、人类的、经济的、技术的、艺术的、心理的多种因素综合起来，使其能纳入工业生产的轨道，对制品的这种构思和计划技术即设计"。由此可见，展览不仅仅是博物馆藏品的集中展示，更是为博物馆藏品与接受者之间搭建一个桥梁，构成一种接受空间。一方面，这一接受空间是博物馆的参观者亲身进入博物馆当中，沉浸于藏品所构成的实体空间之中，获得一种直观的感受。另一方面，展览也为每一件藏品提供了一个文化史的氛围，在不同的藏品之间，在藏品与解释说明的文字之间，甚至在藏品与接受者原有的知识背景之间，构成了一种主体之间的"间性"，在交互的过程中实现了信息的整合与传播，构成了一个虚态的氛围

---

① 王宏钧：《中国博物馆学基础》，上海古籍出版社，2001年。

空间。这种非实体空间看不见摸不着,但却是展览中所构建的更为重要的空间形态。只有构建起一种良好的文化史氛围的空间,接受者才能够更为深切地感受到藏品背后所具有的文化深意。

山东博物馆佛教造像艺术展

展览是藏品推介最好的宣传方式。后疫情时代,通过将文物、展览、宣教这三者紧密交融,方可让受众更好地了解文物背后的故事,感受博物馆的魅力。在"后疫情时代",越来越多的人受制于政策的影响,无法亲身到博物馆的实体空间当中参观展览。此时,创新博物馆展览形式,通过线上、线下空间的联动,将博物馆藏品不仅仅通过实体的博物馆空间进行展出,同时也借助于当代媒体——如电脑、手机、平板等进行新的形式转换,是博物馆在"后疫情时代"所面临的课题。在这种转换中,因为接受者无法亲眼目睹博物馆藏品的实物,对这些博物馆藏品的阐释和解读就变得更为重要。博物馆需要将直接的视觉感受,转换为屏幕上的间接感受,同时借助于不同的传媒手段,将其优势发挥出来,更多地对藏品进行阐释。在这些现代传媒中,对藏品的阐释能够以更加灵活的方式呈现出来,因此对"优质内容"也就有了更高的要求。"内容为王"四个字在博物馆语境下尤为重要,展览内容是博物馆最核心的内容。黄洋在"博物馆展览'窄播'与'广播'的双向转换——《博物馆陈列展览设计十讲》推介"一文中提到:博物馆关注过去、现在和未来,把三者有机结合起来。博物馆从收藏保管的角色,向展示传播、为公众提供公共文化服务转变,不仅承担着"收藏过去"

的职责，也担负着"教育现在、启迪未来"的使命。①

(二) 由"展览中心"转为"受众中心"

20 世纪末以来的世界经济形势一定程度上影响了全球博物馆的建设与发展事业，博物馆必须敞开大门、面向公众。皇家安大略博物馆作为加拿大最大的研究型综合博物馆，在近年重新修订了办馆宗旨，将藏品确定为工作的核心，将维持和更新常设陈列和临时特展作为最基本的运营方式，围绕展览和藏品研究展开丰富的公众活动，并通过各种营销手段把展览、前沿性研究、公众活动推向公众，回报公众一个全新的体验，从而实现"成为让全球公众所关注、理解并能体验到瞬息万变的自然世界与文化世界的必要的参观目的地"的办馆宗旨②。

博物馆的核心竞争力在于陈列展览等主要文化产品的不断推陈出新，博物馆满足社会需求最主要的服务方式，则离不开陈列展览等知识传播的大众化、普惠化。③ 由于不同观众群体之间知识背景各异、策展人与观众掌握信息不对等等原因，很容易使得展览陷入单向知识灌输的囹圄，观众成为被动接受文物藏品高深知识的客体，最终只能接收到浅层信息，造成极大的资源浪费。若想走出这个困境，周婧景在《博物馆以"物"为载体的信息传播：局限、困境与对策》一文中则提及："（展览）无需刻意求全求大，而应重视物载及其关联信息，由此创建的展览才会是排他的、充满个性和生命力的。"④ 在展览的过程中，信息的有效性与可靠性是非常重要的。如前所述，在每一次展览当中，策展人都会通过各种各样的手段构筑起一种文化史的氛围，但是这种文化史氛围的构建虽然是依托于真实的博物馆藏品，但其序列的整理、归纳和研究却无处不渗透着策展人作为个体的感受和理解、认识。在这种归纳、总结、整理、研究和展示的过程中，个人的主观意志不可避免地渗透在展览当中。因此，在这一过程中，策展人也应当特别注意，博物馆的展出应当建立在客观性的基础上，在藏品序列的树

---

① 黄洋：博物馆展览"窄播"与"广播"的双向转换——《博物馆陈列展览设计十讲》推介，《东南文化》2019 年 06 期，第 119 页。

② 沈辰：《构建博物馆：从藏品立本到公众体验》，《东南文化》，2016 年第 5 期。

③ 李耀申、李文昌：《构建不一样的打开方式：守正创新中的博物馆展览》，《中国文物报》2020 年 5 月第 005 版特刊。

④ 周婧景：《博物馆以"物"为载体的信息传播：局限、困境与对策》，《东南文化》2021 年 02 期，第 140 页。

立过程中，不能够牵强附会，将原本只是偶然的相似归纳为一种有逻辑关系的排列，否则，这种刻意的安排往往会使接受者获得错误的信息。这种错误会以非常隐秘的方式潜移默化地进入到观众的接受层面——展览藏品的真实性并不会改正这种错误，反而会强化这种错误的观念，为其提供错误的证据支撑。因此，策展人在进行展览策划时，应当尤为注意，时时刻刻将展览的客观性放在心头，注意不要将自己的主观意志过多地表露在展览当中。在藏品序列的排列中，要有历史依据地将真正具有真实学理联系的藏品进行梳理，而不是以策展人的主观意志进行随意地排列。

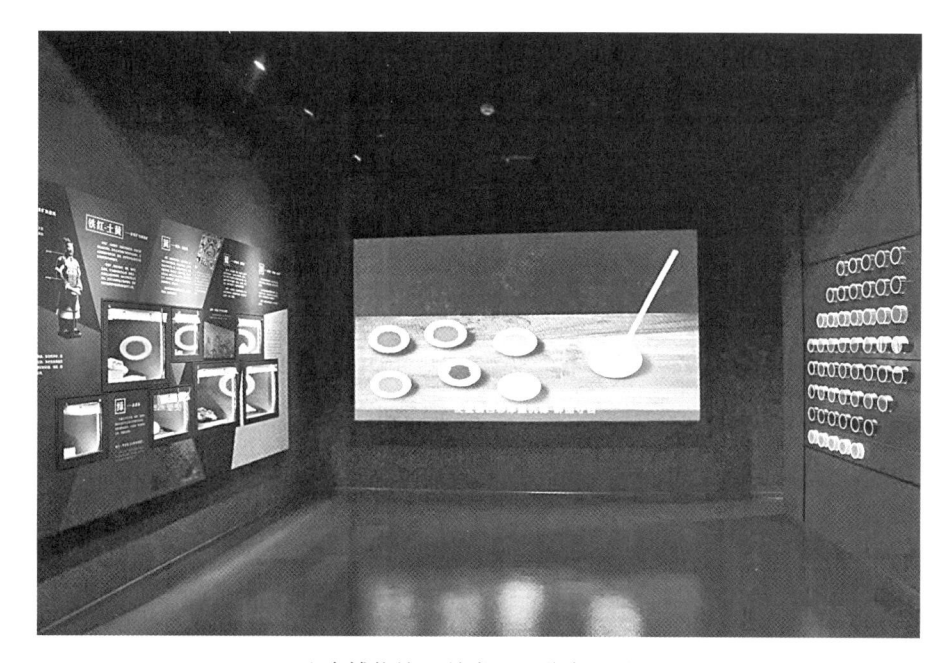

山东博物馆"晶彩"展览布展手段

陈列展览由着重进行知识灌输向同时注重观众情感转变，由居高临下、灌输式的单向传播向平等交流的双向传播转变。博物馆文化建设逐步从之前以展览为中心转变为以受众为中心论，一个成功的展览从策展之时就要研究受众需求、心理，结合展览主题、藏品内容进而设计如何使参观收获最大化、参观感受舒适化、沉浸交互有益化。这种做法缩小了陈列展览与观众的距离，增强了观众对于展览的认同感。山东博物馆2018年度观众满意度调查分析报告显示：

第一，在展厅观展体验效果满意度方面，有效调查样本数据显示，展览参观线路设置满意度为92.86%；展品陈列方式满意度为94.69%；展厅灯光效果满意度为

88.19%；均已超过85%，说明被调查观众对在博物馆展厅中的观展体验效果给予了很高的评价，同时反映了山东博物馆展厅在营造良好观展体验效果方面工作富有成效。另根据调查样本数据所估计测算的观众对指引标识导向清晰程度、展览参观线路设置、展品陈列方式、展厅灯光效果四项指标满意度的区间下限均超过85%，依照博物馆声誉的四个等级划分标准，四项指标均达到"有很好的声誉"水平，其中可进一步完善提升展厅灯光体验效果。

第二，在对展览展品及内容满意度方面，有效调查样本数据显示，文物展品丰富程度满意度为89.91%；展览内容知识性满意度为91.75%；展品趣味性（观赏性）满意度为88.6%；展品说明通俗易懂程度满意度为92.06%；互动体验设施效果（含视频、触摸屏等）满意度为86.93%。各项指标的满意度基本上都达到了很高的水平，也说明了被调查观众对展览展品及内容的广泛认可。另根据调查样本数据所估计测算的观众对文物展品丰富程度、展览内容知识性、展品趣味性（观赏性）、展品说明通俗易懂程度等指标满意度的估计下限均超过85%，并且展览内容知识性、展品说明通俗易懂程度指标满意度估计区间下限接近90%，总体上反映了各项指标满意度均达到一级博物馆"有很好的声誉"的标准要求，并在此基础上可进一步提高，以达到"有极好的声誉"的水平。

二、博物馆展示功能发展

2006年我国正式颁布实行的《博物馆管理办法》中规定了博物馆的基本功能，其中收藏和展示是博物馆的两大重要功能。随着博物馆工作的拓展，展示功能愈发显现。夏千惠在"博物馆藏品向展品转化研究"一文中阐明对博物馆展示功能的理解。1812年在伦敦大英博物馆埃及厅采取系统的方式来组织展览，这种展示功能是博物馆教育职能出现的前提，博物馆有计划地向观众展示藏品、进行教育，这是博物馆迈向现代化进程的新特征。19世纪中后期这种现象发生改变，收藏与陈列分室进行，藏品转化为展品，成立了展览厅。在我国的表现就是清末"西学东渐"过程中创办博物馆，出于研究的便捷性，博物馆藏品的陈列摆放应用了分类体系。但那时的收藏和参观都在库房。[①]

---

① 夏千惠：《博物馆藏品向展品转化研究》，G26-10183，2019。

三星堆金沙展布展

　　博物馆展示功能的发展就是公共性逐渐增强的过程，从只有少数人参观到为大众服务，现在世界很多博物馆都对公众免费开放。长期以来，博物馆以特有的文明传播方式，为提高公民整体素质做出了贡献。① 博物馆从最初的作为私人藏品的展示空间，逐渐走向一种公共资源，成为一个国家、一个民族历史文化的见证，对推动公民文化素养的提高有着不可磨灭的贡献。作为一种文化事业的直接体现，我国的博物馆不应当将眼光过多地关注于经济效益上，而应当更加关注其在社会发展过程中所承担的事业性功能。在我国，博物馆的这种事业性功能并不主要表现在其创造经济价值上，而体现在全面提高公民文化素质水平，增强公民对我国历史文化的认同感与对地区文化的理解上。我们对博物馆贡献的认识也应当从更为全面的角度进行评价，不能以单一维度对其工作进行考量。

　　文物藏品是博物馆发挥功能的重要基础，文物藏品的利用对处在综合转型时期的我国博物馆事业起到举足轻重的作用②。2008年始，我国部分博物馆实行免费开放政策，越来越多的人来到博物馆，参观展览，感知历史。如今博物馆展示手段更加丰富，

---

① 单霁翔：《博物馆的社会责任与社会教育》，《东南文化》2010年第6期。
② 魏巍：《我国博物馆文物藏品利用研究》，《山东大学》2015年。

随着时代的发展博物馆展示方法和手段也在日益革新。早期展览的展示风格多讲究对称居中，20世纪初展览为了更好地讲述故事采用了蒙太奇手法，"以一定的顺序放置陈列品以表达有机的流动"，20世纪70年代后出现了唤起式的风格，如今展示风格多样且不断发展。除此之外还有对不同的展示类型的探索与分类。① 这些新的展示方式是策展人工作创新的体现，策展人不断创新展览形式，通过越来越多新的形式吸引观众参与到展览当中。应当说，只有观众参与到展览之中，博物馆的藏品才开始真正发挥作用，如果一个展览没有观众参与，那再好的展览内容也无法发挥其社会价值。但在创新展览形式的过程中，也应当注意内容的优质性，如果仅仅以哗众取宠的方式创新展览形式，而不在展览内容上下足功夫，那即便观众被新颖的形式吸引过来，也不会真正产生良好的社会效果。

三、展览与观众

博物馆陈列展示活动不是一种纯知识现象和认知行为，它的传播必然会引起知识现象之外广泛深刻的社会文化效应，博物馆陈列展示在传播知识和观赏性服务的同时，也把一定的价值观念、文化形态、生活方式传递给了社会大众②。从理论角度讲，博物馆展览与观众之间存在心理距离和空间距离，心理距离要越小越好，而空间距离则要适度，过小会有压迫感，过大会有疏离感。③ 展览中，展品之间的距离、展品与观众之间的距离，甚至观众与观众之间的距离都应当作为策展人进行布展时所考虑的内容。不同的主体之间在不同的距离上会产生不同的心理感受，这在心理学当中已经有了很多的研究证明。"主体间性"是策展人进行策展活动时所应当注意和考量的重要问题。距离问题还关系到一系列其他与之相关的问题，如观众之间的相互交流是否会影响到其他参观者，参观者对藏品进行拍摄的布景与灯光是否合适，是否能够拍摄出较高质量的照片，让参观者有兴趣自愿地将其发布到私人社交平台，为博物馆的宣传作出贡献。在"距离"这一问题上，不论是空间距离还是心理距离都应当受到重视和考虑。从心理距离的角度来说，很多策展人会有意识拉近观众与展览藏品之间的心理距离，

---

① 夏千惠：《博物馆藏品向展品转化研究》，G26－10183，2019。
② 刘爱河：《现代博物馆陈列展示设计内涵的演变》，《中国博物馆》2005年第4期。
③ 王春法：《什么样的展览是好展览——关于博物馆展览的几点思考》，《博物馆管理》2020年2月刊。

但实际上,这种观众与展览藏品之间的心理距离也应当保持在一种合理的范围之内,过于拉近观众与藏品之间的心理距离有时候恰恰不利于观众的接受。从心理学角度来说,较远的心理距离能够引发观众的联想和想象,通过大脑运行机制主动填补"空白点"和"未定点",从而实现"心理完形",构建起一种历史氛围。同时,如本雅明所说,一定的距离感能够让藏品在接收者的眼中产生"灵韵",使藏品在接受者心中产生"膜拜价值",更有利于藏品的接受和传播。

观众在参观山东博物馆

博物馆展览是要靠文物展品来说话的,博物馆语言就是文物展品摆放的次序、形态以及辅助手段运用的方式,它们通过前后、高低、色彩、明暗、体量等等的变化共同构成了一种错落有致、独特新鲜的视觉形象,以此向观众传达信息、进行交流、产生共鸣。博物馆以一种特殊具体的语言——"实物"来向观众讲话,它不仅反映着社会,也服务于社会。[①] 博物馆通过一件又一件的藏品诉说着历史上曾经发生过的故事,

---

[①] 宋向光:《论当代博物馆文化表征的视觉建构——关于空间展示中两种视觉性的对立与融合》,《天府新论》2021年第6期。

藏品的说明文字和研究文献为我们解开历史的迷雾，透视藏品表象背后的文化内涵。可以说，博物馆是距离历史最为接近的地方，不仅仅通过文字的表达，也通过实体的物件，人们在博物馆中得以最为直接，并且也可以是最为深入地理解历史、文化与社会。因此，在现代社会中，博物馆的这一先天优势更应该被充分地发挥出来，通过博物馆的工作为整个社会服务。有学者认为，博物馆语言主要包括三个不同的层次：核心部分是真实物品的组合及与辅助材料的配合；周围有人工制作的景观与模型，主要用以配合说明原理和介绍历史背景，有其相对独立的自我表达能力；最外层是包括色彩、光线和材料等的背景处理，尽管它们本身不具有自我表达能力，但通过烘托气氛方便和深化了观众对陈列主体的认识。博物馆各个组成部分之间也应当构成一个有机的整体，而不是彼此之间相互割裂、互不相关。博物馆的这几个层次应当以合理的方式构成一种相互连结、呼应的同一整体，构成一种彼此之间交互共生的生态系统。同时这一"生态"系统还应当充分地将人的因素考虑在内，博物馆中藏品、解说文字、辅助材料、讲解设备与观众之间的连接关系应当被合理涉及，使得观众在博物馆的整体空间当中，就像融入到大自然中一样自然，使藏品自身的内涵在这种生态系统中自然地展现出来。

  好展览在形式设计上都应该是立体的，既有展墙的利用，也有文物展品的陈列，还有对重点展品通过现代化展示手段进行的突出呈现；既有静物展示，也有动态互动；既可以裸展，也可以展柜展出或加玻璃罩展出，因而在任何一点都可以看到展览的多样化呈现，富于变化，不那么平坦平淡。所谓"横看成岭侧成峰，远近高低各不同"，同样的展览藏品，通过不同的布置会产生截然不同的效果。中国传统园林设计思想为博物馆的展览布置提供了非常好的理论资源和现实操作方法。如中国古典园林讲求"虽由人作，宛自天开"的效果，要求在园林当中使得观赏者有"移步换景"的观赏体验。对一个好的展览来说，也同样应当达到这样的效果，不同的藏品是不同时代的历史文化结晶，在展览布置的过程中，一方面要根据学理逻辑将其按照一定的序列进行排列。但另一方面又不能使不同的藏品彼此之间互相冲突，要在展览的过程中让不同的展览藏品彼此互相生发，同时考虑空间因素，在远近高低中让观众产生视觉上的变化，以避免视觉和精力上的疲劳。

四、中国博物馆的陈列展览

国家文物局把陈列展览作为推动博物馆领域全面工作的最主要抓手。从 1997 年起，在全国博物馆行业实施"陈列展览精品战略"，迄今共进行了十余届"全国博物馆十大陈列展览精品"评选活动，发挥了积极的示范效应和导向作用，现已成为备受业内外瞩目的文化品牌。这也是中国博物馆领域延续时间最久的一项全国性评奖活动。[①]在传统的收藏、研究、展览、教育等博物馆四大功能中，展览无疑具有十分重要而且极为突出的地位，因为"归根到底，促使博物馆运营成功的最核心竞争力，无疑还是丰富而有价值的馆藏和数量繁多的精彩展览"。[②] 展览作为博物馆的核心工作之一，历来受到从国家到地区各级博物馆的重视。甚至可以说，展览是检验博物馆工作的最为综合而直接的评价标准。博物馆展览不仅仅考验着博物馆的文物保护工作、学术研究工作，同时也检验着博物馆的组织效率、部门协调、审美水平等一系列能力。在展览过程中，一个博物馆的综合能力会最为直接地表现出来，也是观众最为直接地认识、了解博物馆的最直接方式。国家层面对博物馆展览进行评选，能够从顶层设计出发，为博物馆展览指出良好发展道路，促进博物馆事业的健康发展。

从 21 世纪第二个十年以来，中国博物馆事业飞速发展，展览数量快速增长，2019 年举办展览 2.86 万个，接待观众 12.27 亿人次。[③] 我国已经成为名副其实的展览大国，展览成为展示国力、促进交流、凝聚共识的重要手段。相比之下，关于展览的研究、特别是展览评价的研究还很不充分。[④] 这里需补充说明一点，对博物馆展览的评价和对展览工作进行评估是不同的。前者是指对既有展览的质量水平进行的评判；后者则是作为一种工作程序对特定展览的市场前景、制作情况、经济社会效益等进行判断，某种意义上是改进和提升展览质量水平的一种工作方法。[⑤] 对博物馆展览进行评估是一个

[①] 段勇：《当代中国博物馆》。
[②] 陈儒斌：《收藏与展览是艺术博物馆的核心竞争力——以纽约大都会博物馆为例》，《中国博物馆》2013 年第 1 期。
[③] 《截止到 2019 年底 全国备案的博物馆达到 5535 家》，国家文物局官网，http://www.ncha.gov.cn/art/2020/5/18/art_1027_160665.html，2020 年 5 月 18 日。
[④] 《试论博物馆陈列展览评估体系的构建》，《中国博物馆》2015 年第 3 期。
[⑤] 施玉麟：《博物馆展览的策划与评估》，《都会遗踪》2016 年第 4 期。

综合性工作，应当全面考量博物馆展览的方方面面，不能仅仅关注于其展览呈现出来的视觉效果，或者是否对观众具有吸引力。还应当就其学术深度和组织能力进行考量，对博物馆展览工作进行全面的评价。

观众参观山东博物馆

在中国知网以展览评估为主题词可检索出 130 条论文信息，以展览评价为主题词有 91 条信息；以博物馆展览评估为主题词有 43 条信息，博物馆展览评价则只有 2 条信息；以陈列展览精品为主题词有 112 条信息，以精品陈列展览为主题词有 117 条信息，以好展览为主题词有 36 条信息，可见研究颇少。可以说，我国改革开放后，随着社会、经济的快速发展，我国博物馆展览快速增加。从数量到质量，我国各级博物馆的展览都获得了显著的成就。但是，博物馆展览的快速发展，因起步较晚，仍较多地停留在实践层面，从理论层面对博物馆事业的管理和发展进行反思的学术理论思考仍有着很大的不足。当然，这不仅仅是博物馆自身的问题，对我国文化事业发展来说，经过改革开放之后的不断尝试，在实践层面不断向前摸索、发展，但艺术文化管理的理论层面也仍然存在着很大的不足，仍有待进一步地深入发展。

从目前发展状况来看，中国国家博物馆作为我国官方层面设立的最高级别博物馆，在我国博物馆事业发展当中起到了指向标的作用。中国国家博物馆的展览设置为各级博物馆的展览组织提供了可靠的样本，其组织方式也为各级博物馆的组织构成提供了借鉴。中国国家博物馆古代通史和近现代通史陈列是品牌展览，形成教科书般的展陈风格，后来在"历史与艺术并重"原则的指导下，将原有陈列进行改革升级，展陈注重艺术性加工。作为我国官方最高级别的博物馆，中国国家博物馆从来没有停留止步在原有的展览方式上。通过不断组织新的展览，创新展览形式，推出新的研究成果，并改变展陈方式，不断拓展博物馆展览形式，为各地区博物馆作出表率。对于中国国家博物馆来说，通史展览具有展示国家历史、彰显文化自信的责任和使命。如今的中国国家博物馆依托自身的优越地理位置、先进的场馆设施和国字号品牌平台，主动引进和承接举办了一系列境外来展，数量多、质量高，已成为当前国内最负盛名的外展举办和欣赏场所。[1] 近年来，中国国家博物馆推出的一些展览，深受国内外观众好评，成为呈现我国文化形象的重要窗口。

从博物馆展览评估、评选的状况来看，历届"全国博物馆十大陈列展览精品"的申报及获奖项目，已成为展示我国当代博物馆陈列展览综合策划及制作水平的重要标杆。故宫博物院的"兰亭大展"、中国国家博物馆的"名馆·名家·名作"、陕西历史博物馆的"四连冠"项目、山东博物馆"衣冠大成——明代服饰文化展"、甘肃省博物馆的"丝绸之路"等展览都是近年来具有社会影响力，被观众喜爱的优秀展览。

从全国范围看，获奖展览主要出自省级以上综合博物馆，现今我国博物馆之间藏品资源、展陈条件不均衡，由省级文物行政部门和省级博物馆主导的省际和省内馆际展览交流不仅有助于藏品资源共享、优秀展览传播，而且对推动全国博物馆展陈水平的整体提升发挥了积极作用。从今后博物馆事业的健康发展角度来看，公立博物馆依然应当起到引领发展的作用，但民间博物馆作为后起之秀，也应当受到更多的关注。应当创新发展模式，以公立博物馆为主导，以民间私立美术馆为补充，充分协调各方，推动良好发展生态的形成。

从全国范围看，获奖展览主要出自省级以上综合博物馆，行业博物馆和民办博物馆还存在明显差距。随着博物馆事业的风生水起，藏品的流通利用率越来越高，同时也出现了承载重点信息的精品总被反复提用的现象。[2] 现今我国博物馆之间藏品资源、

---

[1] 段勇：《当代中国博物馆》。
[2] 韩爱丽：《博物馆藏品管理刍议》，《西北民族大学学报（哲学社会科学版）》2018年第3期。

故宫博物院"兰亭大展"

中国国家博物馆"名馆·名家·名作"展览

山东博物馆"衣冠大成——明代服饰文化展"

湖南省博物馆"凤舞九天"展览

展陈条件不均衡。以江苏省为代表,越来越多由省级文物行政部门和省级博物馆主导的省际和省内馆际展览交流不仅有助于藏品资源共享、优秀展览传播,而且对推动全国博物馆展陈水平的整体提升发挥了积极作用。在展览过程中,一件藏品会最为快速地被社会所认识,从而进入到公众视野当中。但在展览过程中,对某几件藏品的格外重视,也会使观众忽视其他藏品。所以在实践过程中,我们往往会发现这样的现象,

甘肃省博物馆"丝绸之路"展览

在展览过程中,某些藏品前面站满了观众,而有的藏品前面却少有观众驻足。少数经典藏品成为追捧的对象有利于观众对这些藏品的深入认识,但展览的作用还应当是推出那些曾经不为人知的重要藏品,通过学术研究和展览推介,让人们对其有进一步的认识。

同时,不同地区博物馆展览的互相借展也是博物馆发展的重要活动。不同地区在长期历史发展过程中形成了各具特色的地方文化,一些地域性文物展现着各地异彩纷呈的文化特征。通过借展的形式,不同地区的观众可以在同一个博物馆当中观赏到来自不同地域的历史文化,这种借展的形式也能够在同一场馆中不断推出新的展览,展出新的藏品,能够有效吸引当地观众多次参观。

五、山东省内博物馆展览

改革开放以来,我国博物馆数量增多,质量提高,各方面的功能不断完善,在文化事业和社会发展中发挥了应有的作用。博物馆事业蓬勃发展、日益繁荣。我国已经形成以中央地方共建国家级博物馆为龙头,国家一二三级博物馆和重点行业博物馆为骨干,国有博物馆为主体,民办博物馆为补充的博物馆体系,构建辐射全国、面向世界的博物馆资源共享平台。不同层次的博物馆在建设的过程中不能形成彻底相互竞争的关系，而应当使不同层次的博物馆各自承担自己的职责，互相协调，互为补充，从而构筑一个良好的博物馆发展生态。

博物馆以文物为主，随着我国博物馆的建设发展。博物馆数量不断提升，馆藏文物的数量也在不断提高。根据国家文物局统计数据显示，2014年全国博物馆馆藏文物为2929.97万件/套，截至2019年底已经增长至4223.98万件/套，年均复合增长率为7.59%。

博物馆的建设与当地历史资源条件有着巨大的关系，一般而言，历史资源越丰富，越有支持博物馆建设发展的文物基础。因此，从博物馆内部主体系统的视角，保存珍贵的历史资源是博物馆的第一核心价值；[①] 同时，博物馆的建设尤其是国有博物馆的建设离不开财政的支持，经济发达地区博物馆数量相对较多。山东拥有着丰富的历史文化资源，同时GDP居于全国前列，其博物馆建设居于全国前列。

2020年12月，在中国博物馆协会发布的第四批全国博物馆定级评估结果中显示，山东省博物馆总量、一级博物馆数量、二级博物馆数量、三级博物馆数量、非国有博物馆数量、新晋级革命类博物馆数量六个指标，均居全国第一。

2021年全国博物馆改革发展工作会议在山东省召开，印发《关于推进全省博物馆改革发展的实施意见》。截至目前，山东全省省级重点文保单位1900余处，居全国首位；全省各类博物馆数量610家，博物馆总量、一二三级博物馆数量、非国有博物馆数量、革命类博物馆数量等6项指标均居全国第一。

山东省在博物馆数量、质量等多个层面的指标均居于我国各省市前列，充分体现出山东省博物馆事业发展的良好基础和发展势头。在这样的基础上，山东博物馆事业理应在良好的基础上再上层楼，建设出更具有时代特色和地方文化代表性的博物馆。从博物馆发展质量，也得以窥见近年来山东省在文化事业领域的积极投入，作为政府的主动建设、引导，到社会力量的积极参与，山东省博物馆事业将会走向更为光明的发展前景。

六、山东博物馆展览

山东博物馆作为山东省内博物馆的领头雁，依托丰富的馆藏资源，为公众提供众多展览。其中包括常设展览"山东历史文化展""明鲁王墓出土文物精品展""佛教造

---

① 谷遇春：《博物馆核心价值体系构建及制度保障措施探究》，《吉首大学学报（社会科学版）》2009年第3期。

像艺术展""汉代画像艺术展""考古山东""非洲动物大迁徙动物标本展""初心——山东革命文物展"……这些常设展览充分展现了山东省的历史渊源和文化特征,是具有山东地方特色,并具有代表性的文物集中展示。对山东省居民来说,这些常设展览是人们了解地方历史、文化,增强家乡认同感与自豪感的重要方式。而对于省外、甚至国外的参观者来说,这些常设展览能够让他们以最快且最直观的方式认识山东,了解山东的历史渊源与文化背景。同时,山东博物馆的常设展览也并没有局限于地方历史文化的介绍,这些常设展览也构成了一个既多元,又有针对性的展览系统。例如"非洲动物大迁徙"这一常设展览,是打破博物馆展览沉闷氛围的很好方式。这一展览受到很多小朋友的喜欢,也成为调节博物馆整体氛围的有效方法。

山东博物馆山东历史文化展

在常设展览的基础上，山东博物馆每年举办题材丰富、数量繁多的专题展览、临时展览。2019年度举办"不朽之旅——古埃及人的生命观""淄博窑陶瓷文化展""董其昌书风展""奋进的山东——庆祝中华人民共和国成立70周年成就展"。2020年度举办"六合同风——秦文化大展""三千玲珑——中国海洋贝类展""瓷韵——馆藏明清官窑瓷器展""妙染寻幽——山东古代绘画精品展""衣冠大成——明代服饰文化展"。2021年度举办"山静日长——明代文人风雅录""虫·逢——世界珍稀昆虫标本展""让党旗永远飘扬——山东省庆祝中国共产党成立100周年主题展""圆梦小康 奋进山东——记录小康工程山东主题展""山东考古成就展""山水清音——清代初期山水画展"。在各个纪念日、重大活动和专题研究的背景下，山东博物馆组织的这些专项展览，回应时代呼声，展现独特风采。通过一个个有针对性的专项展览，山东博物馆的展陈体系呈现出异彩纷呈的多元面貌。这些专题展览，一方面展现着山东省历史上某一特定领域所取得的瞩目成就，也展现着山东省近年来的快速发展，从历史到今天，组成了一条不断向前推进，逐步实现民族复兴的历史画卷。

山东博物馆多年来一直致力于打造高品质的展览，以求满足人民群众日益增长的精神文化需要。如2020年山东博物馆打造的"衣冠大成——明代服饰文化展"凭借其30余件精品服饰文物和别出心裁的策展思路荣获2020年度全国博物馆十大精品展陈，2021年山东博物馆举办的"让党旗永远飘扬——山东省庆祝中国共产党成立100周年主题展"通过530余幅图片、210余件（套）文物实物、50余项500余条音视频及多媒体展项，集中展示中国共产党成立百年来特别是党的十八大以来，在党中央坚强领导下，山东党组织团结带领全省人民取得的历史性成就、发生的历史性变革，充分展示山东党组织在党的领导下践行初心使命史、不懈奋斗史、自身建设史、政治锻造史，获得了山东省2021年十大革命文物陈列展览精品推介特别奖、国家文物局向社会推介100项2021年度"弘扬中华优秀传统文化、培育社会主义核心价值观"主题展览等荣誉。正因为不断创新工作方法，坚持为人民服务的核心立场，以山东博物馆为代表的山东省各级大小博物馆在不断推进工作的过程中也取得了瞩目成绩。但是，相对于这些奖项的获得，真正实现为广大群众的更好服务才是山东省各级博物馆应当追求的目标。因此在日后，在这样良好的基础之上，山东省各级博物馆理应继续坚定为人民服务的中心立场，不断创新组织方法，不断推出更多吸引群众，并能传播优秀文化，起到教育作用的优质展览。

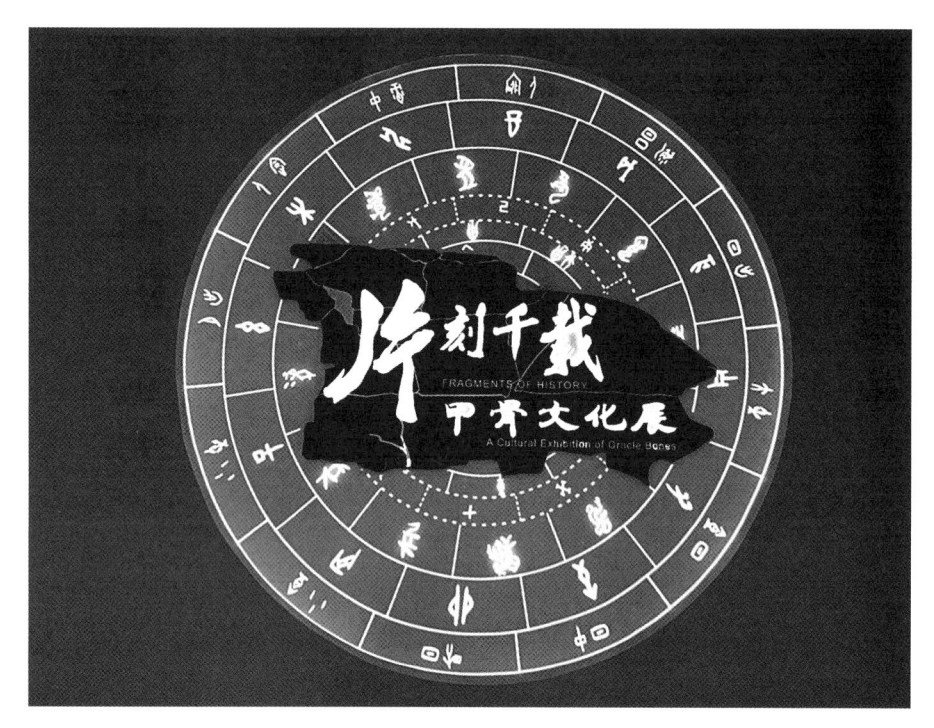

山东博物馆甲骨文化展

第二节 以博物馆教育为手段的推介活动

对博物馆来讲,仅仅做好收藏、研究是不够的,必须要进一步把收藏和研究的成果转化为教育和公共服务。① 藏品的宣传需做到老少皆宜,针对于青少年受众的认知规律、身心发展特点,设计有别于成人的宣传方式,即基于藏品设计开发系列教育课程。展示理念落后是制约我国博物馆陈列展览水平的关键因素。提升我国博物馆展览的水平,特别需要在展览模式选择、展览核心特征把握、作为非正规教育手段的展览的基本要求以及什么是一个好的博物馆展览等方面更新理念。② 博物馆事业的建设发展,光靠财政的支撑与物质基础是不够的,相较于物质基础,观念的革新才是博物馆事业发展的最重要推动力。这要求博物馆管理者和策展人不断创新管理思路,通过不断思考,

---

① 陆建松:《增强博物馆的公共服务能力:理念、路径与措施》,《东南文化》2017年第3期。
② 陆建松:《博物馆展示需要更新和突破的几个理念》,《东南文化》2014年第3期。

不断推动博物馆展览、教育活动的新形式。

一、博物馆教育的历史

作为公益性文化服务机构，服务与教育已逐步成为博物馆最重要的社会职能[①]。自18世纪至今，博物馆教育的发展大致可以分为萌芽（18世纪至20世纪20年代）、发展（20世纪30至70年代）和黄金时期（20世纪80年代至今）三个阶段。各个不同的阶段中，博物馆的发展都呈现出各个时期不同的特点，通过对博物馆发展历史的梳理，我们会对此有更为深入的理解，也有利于我们更好地把握当代博物馆发展的趋势。

17至18世纪，欧洲启蒙运动的兴起、自然科学的发展和政治革命的爆发推动了自由、平等、民主社会风气的传播。在这个大环境的影响下，欧洲博物馆社会化进程大大加快，同时加速了其教育功能的发展。英国的阿什莫林博物馆、不列颠博物馆和法国巴黎卢浮宫的开放标志着公共博物馆时代的到来。在此时期，博物馆开始逐步探索其教育功能。例如1794年，法国国民议会创立的工艺学院，作为一个科技博物馆，它为学生提供了实物标本，展示了艺术和工业方面的应用科学，此举措被视为博物馆为学校服务的开端。直至19世纪末，博物馆作为一种教育机构的理念已成为社会共识。1899年，美国布鲁克林儿童博物馆成立，这是世界上第一所儿童博物馆。1916年，美国著名教育学家杜威在其出版的《民主主义与教育》一书中论述"教育即生活""教育即生长"的观点。同时，杜威重视儿童的学习，认为应该从现实中进行教育，从活动中学，反对传统的死记硬背。这一观点为此时尚处在通过展品文字说明和解说目录进行观众教育的博物馆提供了更多可能性。

进入20世纪30年代后，全世界范围内博物馆数量激增，新型博物馆不断涌现。经历了一战和经济危机的冲击后，美国博物馆开始重视观众的作用，逐步将博物馆发展的重点由收藏转向了教育，并开始重视馆校合作。二战后，新科学技术的兴起迅速改变了经济产业结构和社会观念，博物馆教育开始朝着民主化、人性化、多元化的方向发展。例如1924年大都会艺术博物馆建立了一座以时代展室（period room）为策展形式、以家具装饰艺术品为陈列内容，用以展示本国历史的"美国翼厅"（American

---

[①] 邢致远、李晨：《博物馆社会教育与服务的分众化研究》，《中国博物馆》2013第3期。

美国布鲁克林儿童博物馆

博物馆教育活动

Wing）。此美国翼厅的筹建，不仅进一步明确了博物馆的教育职能，丰富了博物馆的教育形式，而且试图通过秩序井然的博物馆教育来应对20世纪初期失序的美国社会，同时也标志着大都会艺术博物馆成为美国首家系统、大规模收藏本国装饰艺术的博物馆。《纽约时报》曾对其进行了诸如"这座博物馆不仅仅是收藏众多文明之珍宝的贮藏室，它还是一股充满活力的教育力量。它不仅仅是藏品保护和记录的地方，它还是一所教育机构，通过馆藏来引导观众（对艺术）的热爱……以最高级的形式来传播艺术，不仅对学生和各行各业的手艺匠人有益，而且'能够直接给那些讲求实际和勤劳的人们赋予更多人情味，对他们施以教育，提升他们的修养'……""从某种角度看，这是迄今为止降临大都会艺术博物馆的最大幸事"等高度评价。究其原因，美国当时正处于由于移民潮引发的焦虑之中，整个社会陷入了一种失序状态，不同的人种在美国的出现，无论是以相互混合还是彼此补充的方式，都对美国传统的种群和文化构成威胁。①而翼厅的构建则是通过博物馆展览和教育的方式使其成为一个向新移民传授美国历史和价值观的地方。它的目的在于"形成我们的同胞对所有美的艺术的品位。博物馆不是一个为了填满人们好奇心的储物室，而是一种启蒙和发展的手段，为了扩大人类的幸福，为了减少无知的自负，为了规范利益标准，为了建立现代人和过去所有最伟大的和最高贵的人之间的联系"。② 因此，博物馆中的陈迹已经不仅仅是个玩物，借助这些模型、陈迹、藏品，能向人们灌输法律和秩序的精神，培养人们对美的热爱，教会参观者去观察和思考，给公众提供"理性的娱乐"③。

20世纪80年代后，两极格局被打破，经济全球化和世界格局多极化的新局面逐步形成，全世界对文化的力量也日益开始重视起来。自从1997年，英国政府就提出"相信教育是当今博物馆的核心角色"。随着政府的重视，博物馆逐渐与社区、学校及专业机构间建立了紧密的教育合作关系，博物馆真正成为了后现代时代关键的学习场所。

二、当代的博物馆教育

教育通常由以学校为代表的正规教育，以博物馆为例的非正规教育和无组织、无意识、无系统的非正式教育三部分组成④。博物馆作为独立的非正规教育场所，不仅仅

---

① [美]米尔顿·戈登：《美国生活中的同化》[M]，马戎译，南京：译林出版社，2015，第88页。
② Elibu Root. Addresses On the Occasion of the Opening of The American Wing [M]. New York: The Metropolitan Museum of Art, 1925: 30-31.
③ [美]吉诺维斯、[美]安德烈编：《博物馆起源：早期博物馆史和博物馆理念读本》[M]，路旦俊译，南京：译林出版社，2014，第56页。
④ 吴遵民：《关于完善现代国民教育体系和构建终身教育体系的研究》，《中国教育学刊》2004（4），第42页。

是学校教育的补充与延伸,更应当有自己的教育体系。博物馆作为藏品的保管场所,其优势之一就是可以成为物质性的资源库。相比于抽象的概念,博物馆中围绕物品的学习更为直接和具体。赋予博物馆受众安全感,培养受众独立思考的能力,让学习真正成为自主意识,从一至终坚持博物馆对于公平的求索。[①] 因此,重视藏品在博物馆教育中的作用有其必要性。

美国博物馆学家乔治·E·海因(George E. Hein)认为,博物馆学习可以大致分为说教式学习和体验式学习两种模式。说教式学习,顾名思义,就是教导者将信息直接传输给学习者,学习者按照规定好的逻辑顺序被动接受。说教式学习适用于具有相似兴趣,并具有一定的知识基础和理解能力的观众群体。而体验式学习则是强调学习是一种主动参与到体验中的过程,涉及技能、知识、理解力、价值观和能力的提高等多个范畴。无独有偶,美国史密森早期教育中心也同样强调学习体验及实物的作用。该早教中心将实物作为焦点引入博物馆教育,认为"每个儿童都从他人及环境的体验和互动中建构个人意义,而意义则来自先前的知识和体验"[②]。在我国大力推动素质教育发展的今天,博物馆的教育功能受到越来越多的关注。相较于学校教育,博物馆教育显然应当强调学习和体验这一方式,让观众,特别是青少年观众,通过亲自动手实践获得知识。这对博物馆工作者提出了更高的要求,不仅仅要挖掘藏品背后隐藏的文化内涵,同时还要对实践活动进行设计,在保证观众安全,同时确保文物保护的前提下,让观众亲身沉浸于博物馆所设计的活动之中,以切身感受更为有效地获得知识。

按照不同的标准,当代博物馆教育又可分为不同种类,例如按照教育开展场所可分为馆内教育、辅助学校教育和社区服务教育,按照服务对象分类又可分为面向儿童的教育活动、面向公众的教育活动、面向特殊人群的教育活动等。面向不同的受众群体,博物馆应当充分考虑到各个群体的特殊性,有针对性地设计展览和教育活动。如面向儿童的教育活动,就应当更加注重寓教于乐的教育形式,并充分考虑到儿童的知识储备与接受能力,让儿童在体验过程中获得适于当下年龄段的普及性知识。而对成年观众,则应当注重学术性,不应将教育停留在藏品的表象层面,应当更加深入地挖掘其文化内涵。基于实物、环境、体验式、社会化等学习特点的博物馆教育,需要以

[①] 赖亭杉:《让文物活起来:数字化助力博物馆的融合传播》,《传媒》2022 年第 4 期。
[②] 王芳:《基于实物的学习:博物馆学习模式的转换》,《文博学刊》2021 年第 4 期,第 65 页。

《学在博物馆》乔治·E·海因(George E. Hein)著

博物馆藏品信息、藏品知识整合与呈现为依托,加强在基础理论、应用和项目开发方面的研究。博物馆教育的效果当以学习者的体验、收获、进一步学习的主动性和对博物馆的积极态度为主要评估标准①。

在我国,由于博物馆事业起步较晚,在教育方面还有较大的发展空间。例如部分博物馆重展示、轻体验,重知识、轻能力,尚且还需要加强理论学习和实践经验。但同时不可否认的是,在短短百余年间,中国博物馆教育事业依然取得了斐然的成绩。例如博物馆一直与学校教育紧密相连、教育活动向基层延伸、将博物馆教育纳入体制建设、口头讲解经验丰富等②。博物馆建设不能故步自封,停留在之前的建设经验上,应当充分适应时代发展要求,在不同机构的彼此合作之中谋求发展道路,找到更适于

---

① 宋向光:《博物馆教育的新趋势》,《中国博物馆》2015年第1期。
② 周婧景:《博物馆儿童教育——儿童展览与教育项目的双重视角》,浙江:浙江大学出版社,2017,第54-57页。

当前时代的发展方式。将博物馆纳入到素质教育体系之中，加强博物馆与学校之间的相互合作，能够充分发挥各个部门的优势，实现优势互补，充分体现出我国国家制度的优越性，更好地发挥各个职能部门的优势，为推动我国全民素质提高作出贡献。

三、博物馆教育的未来

教育是博物馆的首要责任。目前，博物馆事业发达国家都将博物馆作为重要的教育资源和阵地加以运用，其策划和实施的教育活动不仅丰富多彩，而且富有成效。为了更充分发挥博物馆的教育功能，我国博物馆界亟待改变"重展"不"重教"的现状，探索和创新教育活动的内容和形式，以提升教育活动的整体水平，真正惠及公众[1]。在博物馆教育的未来发展中，博物馆更应当思考自己的责任与使命。国外的博物馆教育起步较早，而我国则是在20世纪90年代才开始发展。在正式和非正式教育的交织中，我们更应该坚定意识到教育的本质是产生意义、激发灵感。博物馆所肩负的教育任务是让观众在自主学习中能够提出问题、解决问题。正如艾琳·胡珀-格林希尔（Eliean Hooper - Greenhill）所说，以博物馆为基础的学习中最有价值的成果，同时在教师与学生观点里，是乐趣、灵感与创造力。[2] 在改革开放后的四十余年，科学技术始终在推动生产力的发展上起到了重要的作用。在新时代，生产力的象限推进仍旧需要依靠科学技术的快速发展，而科学技术的发展需要公民的综合素质的提高，特别是想象力的提升。博物馆在这一方面，是一个重要的推进手段。而在未来的国家发展过程中，除了科学技术的进步，人文素养的提高也更应当受到重视。如果科学技术缺失了人文素养的反思与引导，不仅不能发挥其进步性，反而会在发展的过程中展现出巨大的破坏力，这种人文素养的全面提升也是我国未来发展道路上必须重视的一个层面。同时，审美能力也将会在未来的社会发挥越来越重要的作用。随着生产力的不断提高，人们对美好生活的向往将越来越不满足于物质的基础层面，精神需要越来越成为人们追求的目标。在未来社会中，一个地区如果缺失了审美，将无法吸引人才生活、工作，而一个企业如果没有审美能力，将很难走出一条广阔的发展道路。对个人来说，审美

---

[1] 郑奕、陆建松：《博物馆要"重展"更要"重教"》，《东南文化》2012年第5期。
[2]【英】艾琳·胡珀-格林希尔（Eliean Hooper - Greenhill），《博物馆与教育——目的、方法及成效》，蒋臻颖译，上海：上海科技教育出版社，2019。

能力将会在日后的社会中成为一种更加重要的能力，具有较高审美能力的人将会在未来的社会工作中发挥越来越重要的作用。在这些方面，博物馆都将承担更加重要的责任。

丁福利在《新时代博物馆教育高质量发展路在何方》一文中提到"品牌战略是博物馆教育高质量发展的最佳表达"。他认为，最近十多年来，在"融合式发展"时代潮流激荡下，我国的博物馆教育领域借鉴企业"品牌战略"理念，相继走上品牌建设之路，赢得了公众持续青睐，激发了蓬勃发展生机，打造了我国博物馆教育高质量发展全新的"风景线"，展现出日益广阔的前景。①

因此，国内博物馆教育的内容变革仍需继续，教育理论与以藏品为核心的观点都可作为进一步发展的参照。教育是博物馆的重要功能，教育的目的是开拓视野和培养创新能力，但是不分观众特征、不顾观众感受居高临下式的灌输会降低人们参访博物馆的意愿和内在动力。②博物馆可以为公众的学习提供海量的资源，同时博物馆也是联通一个国家历史精神与文化的纽带。我们应当抓住当下发展机遇，在空间上展开与学校、社区等不同机构的多元合作，在内容上推陈出新，创新更多教育活动，构建品牌体系，促进分众化教育，以藏品和观众的连接为依托，通过教育活动与课程的开展实现博物馆藏品推介的目的。

第三节　考古发掘、学术研究与博物馆宣传展示共促

随着国家的强大、社会的发展、文化影响力的提升，考古学从冷门学科逐步走进大众视野，并引人关注和喜爱。公众基于对考古的关注，开始了解对考古人、文物衍生文创产品等，敦煌女儿樊锦诗、北大考古女孩钟芳蓉为代表的考古人的走红、各馆文创产品考古盲盒的畅销、河南博物院与河南卫视合作推《唐宫夜宴》火遍全网、成功"出圈"……笔者认为这一系列的文化现象共同说明当下公众对传统文化、对考古及博物馆的关注与热爱，究其根源，这是来自文化自信的力量，是公众民族凝聚力提

---

① 丁福利：《新时代博物馆教育高质量发展路在何方》，《中国文物报》2021年12月7日第005版。
② 黄隽：《经济发展、守正创新与博物馆建设》，《人民论坛·学术前沿》2022年第1期。

升的结果。文化自信是最基本、最深沉、最持久的力量。没有中华优秀传统文化、革命文化和社会主义先进文化的底蕴和滋养，理想信念就难以深沉而持久。

不只是中国的博物馆、考古学同本土上千年来的收藏传统和金石学有着无法割断的渊源脉络，西方亦是如此，欧洲的王室、教会也拥有悠久的博物收藏历史。① 考古工作是博物馆建立和开展各项业务工作的基础，而博物馆是进行考古宣传与教育的重要阵地，因此，两者应该是相辅相成、互相补充、共同发展的关系。重大的考古发现往往是保护某个考古遗址，并建立考古遗址博物馆的充分理由。某个考古遗址发掘出土的遗迹遗物构成了该考古遗址博物馆藏品的主体，同时也是考古遗址博物馆不可缺少的重要展品，是展览中的主角。考古发掘报告和科研成果为考古遗址博物馆展览的内容策划提供丰富素材，也为展览的形式设计提供科学依据。考古工作的质量对考古遗址博物馆的所有后续业务都有很大影响。考古发掘的遗迹遗物不仅是藏品和研究资料，更重要的是其将成为展品。而展览可以说是考古遗址博物馆的窗口，影响着观众对考古遗址博物馆的印象。② 在长久以来，考古工作似乎都距离普通群众太远，而且每每受到公众的误解。对于考古领域来说，博物馆是考古工作成果的集中体现，对普通群众来说，也是最直接了解考古工作的窗口。通过博物馆，普通民众可以获得机会近距离感受和理解考古工作的内容、方法，增进对考古工作的认识，也能够消除社会对考古工作的误解。

考古，是一门充满了"野心"的学科，通过研究古代遗迹遗物的走进考古现场，读懂古代中国。考古的研究就是"透物见人""透人见物""透物见物"和"透人见人"③，是研究物与人的。考古遗址博物馆也是"以物育人"，通过考古遗迹遗物的展示传播教育公众。考古研究能够为考古遗址博物馆提供强有力的学术支撑，是考古遗址博物馆展示传播的理论源泉。在考古工作中，面对特定的遗址和文物，一个优秀的考古工作者不能够将它们视为一堆废墟或残砖破瓦，而会将它们视为有温度、有故事、有历史的物品，对其充满感情。因此，对考古工作者来说，考古工作不能够仅仅被视为一项科学工作，更应当在其中渗透人文精神。只有这样，才有机会深入地挖掘文物背后所隐含的历史真实和感人故事。

---

① 李季：《故宫博物院与考古学》，《故宫博物院院刊》2015 年第 5 期。
② 黄洋：《考古工作与考古遗址博物馆展示传播的关系》，《东南文化》2015 年 4 月。
③ 朱泓、方启：《考古发掘应注重科学发展》，《中国社会科学报》2013 年 4 月 26 日第 B3 版。

《唐宫夜宴》剧照

　　近些年，三星堆大发掘让考古学再次进入我们的视野。四川广汉三星堆遗址的发现特别是1986年夏三星堆两个遗物坑的发掘，是中国西南地区考古的重大收获。[①] 1986年三星堆遗址出土了大型青铜神树、青铜纵目面具等憾世文物，在中国考古史上书写浓墨重彩的一笔；2021年三星堆遗址又公布了在新发现的6座"祭祀坑"出土了金面具残片、巨青铜面具、青铜神树、象牙等500余件重要文物，使三星堆在"全网出圈"。这样的现象是我们所希望看到的，通过一次次考古事件，考古工作越来越走入普通群众的视野当中，有越来越多的人对考古工作有了更加深入的了解，这对于日后考古工作展开非常有利。同时，这些考古工作的成果借助于大众传媒，才有机会让更多的人对其产生了解，不至于这些优秀、绚烂的传统文化的宝贵财富，在考古挖掘之后堆进博物馆不见天日的仓库之中，再也不为人所知。与时代发展潮流相结合，才是考古工作和博物馆工作日后发展的方向，而这种结合一方面呈现为专业知识和学术研究的普及教育，另一方面也在于将这些优秀的传统文化成果，转换为现代视觉语言，

[①] 金正耀、马渊久夫、Tom Chase、陈德安、三轮嘉六、平尾良光、赵殿增：《广汉三星堆遗物坑青铜器的铅同位素比值研究》，《文物》1995年第2期。

在现代潮流之中作为视觉资源加以运用。如"三星堆"所出土的大量文物，具有很高的视觉审美效果，若将这些视觉资源运用到当代动画、电影、服饰设计、首饰设计、工业设计等领域，往往能够激发出意想不到的视觉效果，能够成为古代文化资源当代转化的很好方式。

三星堆考古发掘现场

古老的三星堆遗址从发现到发掘历时漫长的 35 年，但是对于从事考古工作三十多年的雷雨来说，考古这份工作既是享受，又是重负。雷雨老师表示："我们考古人担负着复原中国古代文明、重建中国古代文明的任务……一个民族的自信，很大程度来源于历史的自豪。如果我们把中国五千年的故事乃至更往上，上溯到七千年八千年这段时间的故事讲好。把考古材料吃透研究好，对于认识中华文明的形成过程，是有极大的促进作用。同时，通过不断考古成果、考古发现，向我们全体国民展示，一定对我们民族自豪感的激发有极大的促进作用。"如今正是考古的黄金时代，科学严谨的考古发现，已经不止一次推翻了人们对历史、对世界的认知。人类历史历经沧海桑田，是考古告诉人们历史，把未知的事情慢慢变成已知。

考古出土后的文物经过去除病害、保护研究等学术活动，得出一致观点，再由博物馆通过展览、讲解以及教育课程等方式，把文物背后的故事讲出来，为文物代言。

由此看来，考古发现—学界研究—博物馆宣传展示是相辅相成、彼此促进的关系，并且关联十分紧密。

第四节 媒体宣传

纵观博物馆的历史，博物馆与观众之间的距离逐渐拉近。现当代博物馆甚至将博物馆与观众之间密切关系的构建列为自身长期发展的战略之一。博物馆的"传播"功能在博物馆与观众关系发展中起着重要的桥梁作用，且博物馆传播与大众传播存在一定的相似性，因此，学者们借用不断发展的大众传播模式探索博物馆的传播模式[1]。

2018年中共中央办公厅、国务院办公厅印发《关于加强文物保护利用改革的若干意见》中指出，要"创新文物价值传播推广体系。……发挥政府和市场作用，用好传统媒体和新兴媒体，广泛传播文物蕴含的文化精髓和时代价值，更好构筑中国精神、中国价值、中国力量。"[2] 博物馆宣传工作应当紧紧围绕这一中心思想，通过学术研究、对外展览、普及教育、跨界合作等种种方式，将中国优秀传统文化展现出来，增进群众对我国历史文化的理解，构筑中国精神、中国价值和中国力量。党的十八大报告中指出："文化实力和竞争力是国家富强、民族振兴的重要标志。要扩大文化领域对外开放"。党的十八大为博物馆创新交流合作带来前所未有的发展机遇，同时也赋予新时期博物馆宣传工作更加艰巨的任务。真正的藏品推介，不只是局限在来馆观众，要思考如何开发潜在观众来到馆、看到展，由一件件藏品营造出某个时期、某个国家、某个区域的历史人文、社会生活，观众有所思、有感悟，激荡起对中国璀璨历史的文化自信心。

博物馆的每一次宣传过程就是将宣传人的思想传达给观众的过程。如何通过媒体宣传来传递、怎样提高展览热度都是值得宣教人员思考的问题。专业技术的建设对于博物馆宣传起着科学的指导作用，博物馆是面向社会的，宣传应着眼于社会，与社会形成互动才会使宣传更有力、更有效。[3] 现如今，博物馆与媒体合作，资源互惠。传统

---

[1] 张鲁：《社交媒体时代的中国博物馆传播模式研究》，浙江大学，2016。
[2] 中华人民共和国中央人民政府网：http://www.gov.cn/zhengce/2018-10/08/content_5328558.htm
[3] 张涛、刘焕涛：《浅谈博物馆的宣传工作》，《大舞台》2012年第1期。

媒体和新媒体，多平台、常投放、广传播，通过音、视频媒介传播，将展览送到社会公众耳边、眼前，继而增加来馆的观众量，宣传者就更应该注重从展览内容出发，深入了解展览的内涵和特点，再结合了解受众的兴趣点，设计相应的宣传策略。在媒体大众传播的当下，越来越多的人们会"因为一座馆，爱上一座城"，也会"因为一件文物藏品、一个展览来到一个馆"。

在媒体融合浪潮的影响下，公众参与博物馆运营的热情倍增，博物馆的研究对象从对物的研究转到对人的研究，工作重点从教育转到服务，基本职能从保护转到利用[①]。随着博物馆媒体宣传事业的发展，宣传的手段和途径日益变得多元化。目前，博物馆宣传工作主要呈现出以藏品为载体、社会性、公益性、教育性等特点，而"互联网+"时代的兴起和新冠疫情爆发后的大环境更是给博物馆的线上宣传工作带来了重要影响。如加拿大传播学家麦克卢汉所说，媒介即讯息，对博物馆来说，在不同的媒介上进行传播，将会取得非常不同的传播效果。在互联网时代，博物馆不能脱离时代洪流，必须充分利用互联网平台进行传播与推广。在互联网传播的过程中，应注意互联网传播的特殊性，一方面把握官方发布平台，另一方面也应当充分利用自媒体，通过博物馆观众的自发传播，实现传播受众指数性增长的效果。互联网平台不同于线下实体空间，互联网的开放性也使得管理具有更大的难度，博物馆很难严格控制互联网舆论的走向。因此，在互联网出现不真实或消极的舆论时，应当有理有据地进行回应，加强对互联网舆论的引导，而非管控。

后疫情时代，有专家指出，博物馆要达到生成、塑造和延续观众记忆的目标，需要经历"搭建展品与参观者的物理沟通系统""建构展陈相关元素所组成的叙事系统"和"深化参与群体的集体记忆与认同"三个阶段。范婷婷在《后疫情时代，博物馆新媒体对外宣传思路分析》一文中提到，综合国内13家博物馆官方新媒体实际运营情况，目前被博物馆新闻宣传内容着重突出以展览为中心的内容矩阵、以公众为中心的宣传理念、线上与线下的融合性宣传和注重把握当前的时事热点。随着社会的繁荣、经济的发展和科学技术的进步，博物馆新闻宣传面临前所未有的发展机遇和挑战。博物馆已经成为思想意识形态领域的一个重要阵地，也成为中国传播政治思想、弘扬民族传统文化的重要场所。搞好新形势下博物馆新闻宣传研究，对指导中国博物馆在新

---

① 杨秀侃、王美佳：《媒体融合背景下公众参与和博物馆运营》，《牡丹江大学学报》2016年第10期。

形势下开展好新闻宣传工作，有着积极的实践意义和理论意义[①]。

新媒体迅速发展的时代，使得公众参与、表达、认知的可能性大大增加，这些新媒体所催生的民众参与活动形成了明确的公共表达，形成了实际意义上的非官方的话语中心，这些都将在媒体多元化的时代发挥着较大的引导作用，并对传统媒体的发展有很大意义上的改变。[②] 值得注意的是，面对线上宣传这一刚刚起步的新型宣传方式，博物馆也应当清楚地意识到它所带来的机遇与挑战。从机遇层面看，网络的普及为博物馆的宣传工作打造了一个良好的平台，受众的接受信息渠道大大拓宽，传统的信息传递过程中时间和空间的限制被打破，同时双向互动的长效机制也有利于博物馆在开展宣传工作时了解当下时事热点和观众的喜好变化。而弊端则在于馆藏资源信息获取的难度降低，但一方面，在互联网上所查看到的藏品信息并不能代替实物所带来的冲击；而另一方面，这种现象直接导致了观众对实地参观真实藏品的期待值下降。为了满足观众逐步提升的文化需求，这就要求博物馆的藏品推介工作树立更高的目标，无形中加大了工作难度。

山东博物馆抖音号

[①] 曾锐冲：《新形势下博物馆新闻宣传研究》，南昌大学，2018。
[②] 高晓芳：《宣传片与中国博物馆的新媒体传播》，《文艺争鸣》2017年第8期。

郭春荣在《移动互联网时代博物馆宣教工作的实践探索》一文中提到，在当下博物馆的媒体宣传中，开展工作时遇到的问题主要集中在：单纯投入人力资源和物力成本的举措已不能满足现阶段社会受众群体对于博物馆宣教工作的基本需求；部分博物馆对宣教工作的重视度不足，进而导致资金投入少，影响后续工作开展；部分博物馆在开展宣教工作时缺乏相应的策划和公关能力，使得宣教工作未能与其他环节进行有效融合；宣传模式较为单一，同质化情况严重等。而若想解决上述问题，博物馆就必须重视宣教工作，提供相应的资源支持与人员配备，注重交流，强化部门间合作，有针对性地落实宣传工作，开展多元化活动，拓宽宣教范围，增强宣传效果。特别是要善于借助互联网平台，优化活动组织形式和宣传方式内容，在各大媒体平台上开通本馆官方账号，及时发布馆内信息，与观众形成良性互动，打造符合受众需求的博物馆宣传新模式，为博物馆的长效化发展提供源源不竭的动力支持。

"互联网思维"的实质是信息技术发展带来的信息传播和反馈效能急剧加速，以及个体人在信息传播中的重要性大幅提升。[①] 在"移动互联网+"时代，开发新技术、使用新传播方式是顺应时代潮流发展的需要。在进行宣传工作时，只有充分调用身边一切可利用资源，发挥本馆特色与优势，突出宣传重点，才能真正做到顺势而为，取得最大成效。

---

① 王旭东、赵鹏：《"互联网思维"在博物馆展示设计中的映射》，《东南文化》2016年第6期。

第三章 基于藏品的推介——以山东博物馆为例

第一节 山东博物馆历史沿革及藏品来源

山东省博物馆是新中国成立后建立的第一座省级综合性地志博物馆。1953 年，时任文化部文物局副局长的王冶秋同志在济南广智院小礼堂作了《怎么样办博物馆》的报告，提出了山东省博物馆的建设要求和方法，并指明了博物馆工作需要努力的方向，为山东省博物馆的建设提供了一份蓝图。1954 年 8 月，山东省博物馆筹备处正式成立，被文化部文物局确定为省级地志博物馆的试点单位，领导了全国的博物馆建设，为我国的博物馆事业写下了浓墨重彩的一笔①。

山东博物馆共收藏文物 30 万余件，一级藏品有 1407 件，其中馆藏甲骨数量有 10588 片，这些藏品涵盖了反映山东社会历史发展和建设成就的陶瓷器、青铜器、书画、善本书、古生物化石、现代动植物标本等 31 大类，集中反映了山东地区人类社会演化和自然环境变迁的基本脉络。

山东博物馆还收藏有 1974 年临沂银雀山西汉墓出土的大批竹简，同时出土的《孙子兵法》和《孙膑兵法》竹简，解决了孙武、孙膑是否为一人的千古悬案，是新中国考古工作的一项重要收获。

---

① 郭思克：《筚路蓝缕　薪火相传——山东省博物馆发展史》，《中国博物馆》2010 年第 2 期。

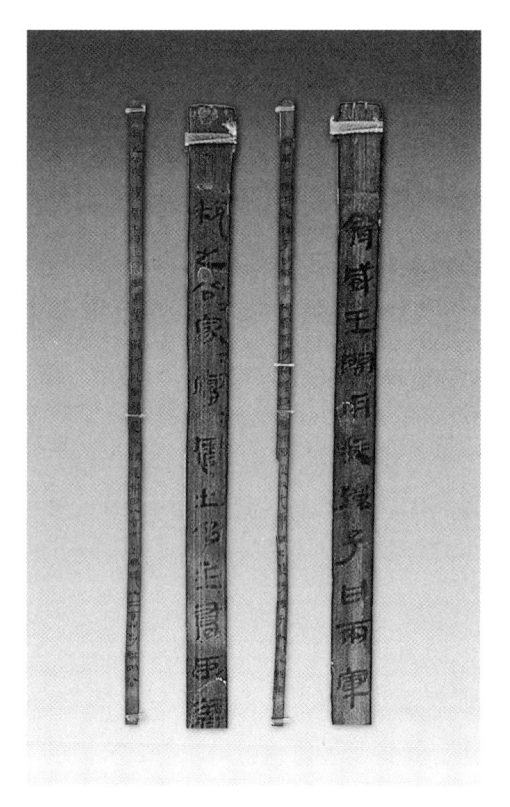

《孙膑兵法》竹简 山东博物馆藏 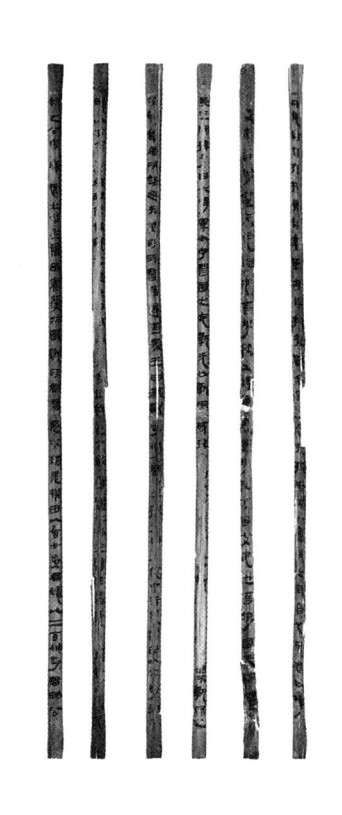　　　　　　《孙子兵法》竹简 山东博物馆藏

山东地区的汉代画像石资料十分丰富，具有浓厚的地域特色和艺术价值，反映出当时的汉代人民政治、经济、文化、思想的发展与变迁。山东博物馆的"汉代画像艺术展"在约1000平方米的展厅内展示了120块汉画像石。内容丰富，几乎涵盖了汉代社会的方方面面。

山东博物馆的馆藏文物中，服饰和书画同样具有自己的特色。服饰以明鲁王朱檀墓出土和孔府旧藏为主，不仅等级较高，而且保存良好，特别是孔府旧藏的明衍圣公朝服，而书画则主要以明清时期的文人山水画作为主，具有极高的美学价值。

一、初创发展期（1954–1991年）

山东省博物馆的前身是清朝末年设立于山东省图书馆内的"山东金石保管所"，成立于1909年，是国内省级地方政府创办的第一所博物馆性质的机构。在山东省博物馆的发展历史上，不能忘记王献唐的名字。时任山东省图书馆馆长的王献唐先生本身就是一位金石学家。王献唐（1896—1960年），初名家驹，后改名琅，号凤笙，以字行。① 山东日照人。他出身书香门第，自幼博览群书。先生一生学术远绍乾嘉诸儒，近承清末名宿，益之以现代科学观念，辅之以实地勘查，集目录、版本、校对、训诂于一身，熔文字、音韵、器物、古史之学于一炉，在诗词、书画、篆刻方面也深有造诣。

献唐先生不仅是金石学家，而且是山东省博物馆的创始人之一。1929—1937年，任省立图书馆馆长、齐鲁大学讲师。他非常重视对金石文物的

王献唐（1896—1960年）

搜集和保存，并在图书馆内设立了专门的库房保存这些珍贵的出土文物，当时山东省博物馆前身的金石保存所设于图书馆内，文物石刻藏于宏雅阁、金丝槲。

此外王献唐先生还积极搜求出土文物，千方百计地阻止这些珍贵文物流失海外，在经费极端困难的情况下，他自掏腰包，购买流散文物，为保护祖国珍贵的文化遗产殚精竭虑，做出了重大贡献。

1937年日本侵华战争爆发，王献唐忧虑齐鲁文物毁于战火，遂将重要文物先南运曲阜，后除笨重者留孔府外（新中国成立后这批文物由南京运回），重要文物装箱后，从汉口乘船入川，先在万县（今重庆万州区）驻留半载，但敌机时来轰炸，于是继续西行，经泸州、宜宾至乐山，选取空崖墓存放，墓口封闭，王献唐入大学讲课，工友李义贵负责看护，家国万里，亲故难觅，其艰难困苦可想而知。即使如此，李义贵也从来没有变卖文物或者有放弃的打算，这一守就是13年，直到四川解放后的1950年，

---

① 李勇慧：《王献唐先生年谱》，《山东图书馆季刊》1994年第2期。

这批珍贵文物重返故乡。

王献唐1937年至1945年在山东大学任教授，1953年任山东省文管会副主任，1960年病逝。先生嗜书若命，于乡邦文献尤倍加珍惜。[①] 王献唐先生一生致力于搜求和保护齐鲁大地的古物和文化，更以卓越的见识和眼光果断地迁移文物，保护下来的珍贵文物达到2100余件。他著述宏富，身后遗稿数百万言，后由齐鲁书社和青岛出版社陆续出版。

除此官方设立的机构外，济南当时还有一些私立的机构和组织从事文物的收藏和研究。1904年英美教会迁青州博古堂至济南内城外西南隅，改称"济南广智院"，英籍传教士怀恩光任院长。广智院集展览、宗教礼仪、文化教育于一体，正中为陈列大厅，左为阅览室，右为研究所，房舍采用中西合璧式的设计，既有中国传统庭院式对称布局，又采用了西式拱门和砖混结构，成为了当时济南一道独特的"西洋景"。广智院的收藏及陈列分为天文、地理、矿物、动物、植物、历史、艺术、文物等13大门类，努力改变当时文化发展落后、不被重视的现状，反响强烈、名声远播。统计至1925年，参观者达到700多万人次。

新中国成立后，金石保存所、广智院、济南道院均为山东省人民政府接收，后拨交山东省博物馆使用。1952年山东自然科学教育研究所所长徐眉生接管济南广智院，成立了山东自然博物馆筹备处，广智院旧址在济南市文化西路103号（现已并入齐鲁医院），俗称"东院"。世界红十字会旧址位于上新街51号的济南道院，修建于1934-1942年，道院利用各地信徒的捐款，聘请著名建筑师梁思成的学生萧怡九负责设计，著名的古建商号北京恒茂兴、广和兴负责营造，院

广智院

---

① 王绍曾：《日照王献唐先生事略》，《山东图书馆季刊》1994年第1期。

落坐北朝南，前为山门和影壁，后依次为仪门、前殿、后殿、辰光阁，建筑采用清式大木作形式，使用了钢筋水泥等西式材料，别具一格。中华人民共和国成立后，宗教组织被解散，济南道院后来成为山东省博物馆的文物陈列室，俗称"西院"。

1954年8月15日，成立山东省博物馆筹备委员会，张静斋任主任，王献唐、徐眉生、秦亢青任副主任委员，而这一天也成为山东省博物馆的建馆纪念日。

1956年2月，《山东地志陈列》在山东省博物馆西院（原济南道院）正式对外开放，这是新中国成立后举办的第一个大型的地志陈列，在全国引起强烈反响、也标志着山东省博物馆的正式对外开放。

济南道院

山东省博物馆建成后，广智院的收藏和金石保存所的藏品成为山东省博物馆藏品的重要组成。同时人民政府还设立了专门的文物管理委员会，负责搜集和保护文物，将战乱期间流散的文物收集整理之后全部移交给山东省博物馆，极大丰富了山东省博物馆的馆藏。

1957年，山东省人民委员会任命徐眉生为山东省博物馆第一任馆长。1959年4月，山东省文管处、山东省博物馆联合举办了"山东省普查文物展览"，展出珍贵文物254

北魏孙宝憘造像　金石保存所藏

件，同时编写了《山东文物选集》（普查部分）。

陈列展览方面，先后举办了"庆祝建国3周年建设伟大成就展""山东地志陈列""难胞刘连仁脱难还乡""山东省普查文物展览""山东少数民族史料展览""山东革命史""水利工程出土文物展览""义和团运动60周年纪念展览""辛亥革命50周年文物资料展览""古代书画""古代扇面""古动物化石""古代史陈列""馆藏自然标本""山东省阶级教育展览会""山东历史文物""山东革命文物展览""古生物化石展览""纪念周恩来诞辰80周年""纪念毛泽东诞辰85周年图片展""山东文物考古新成就及珍藏文物展""沂南汉墓画像石拓片展览""古代乐器展览""造像艺术品展览""馆藏清代书画展""中国文物立体摄影巡回展""馆藏钱剑华先生遗作展""纪念建党60周年展""新疆古尸展""珍稀动物标本展""人体构造与优生畸胎展""山东古代史陈列""毛泽东图片和手迹展""原始社会的山东""山东文物汇展""山东人民八年抗战""迎春邮展""山东古代艺术珍品展""山东民俗民间艺术展""嘉祥彩印、鲁锦民间美术品展""山东省文化艺术品展""贵州酒文化与蜡染文化展""日本挂历展""全省文化科技成果展""珍稀野生鸟类标本展""闫丽川教授书画作品展""山东文物精华摄影""馆藏现代名人书画""山东盆景优秀作品""省直文化系统老年人书画作品""胡禧和国画展""王武书法刻展""历代名家'马'绘画展""谢朝林雕塑作品展""中国文物界书画展""山东大学书画展""济南市革命文物展""济南市九三学社社员书画展""孔子展"等等。文物考古方面，1963年试掘莒县陵阳河大汶口文化遗址，发现了刻文大口陶尊。1965年发掘青州苏埠屯商代大墓，出土2件大型青铜钺1件，铸有"亚醜"族。1970年先后发掘曲阜九龙山西汉崖墓、明鲁荒王朱檀墓。1972年发掘清理临沂银雀山西汉墓，发现了举世闻名的《孙子兵法》《孙膑兵法》竹简。1975年发掘莒南大店老龙腰春秋时期莒国殉人墓，出土游钟等重要文物。1976年临朐藻土矿发现一件完整的鸟化石，在我国属首次发现，命名为"山旺山东鸟"。1977年对曲阜鲁国故城进行了全面勘探和试掘，成果汇总在《曲阜鲁国故城》一书中。同年举办"古生物化石展览"，展出"巨型山东龙""山旺山东鸟"等珍贵化石200余件。1980年，考古部、文物管理部单独建制，成立山东省文物考古研究所。

二、蓬勃发展期（1991–2009年）

随着山东文化事业不断发展与繁荣，对博物馆的各种要求也在逐渐提高，而原来的广智院和济南道院旧址院落狭小，无法满足现代展览的陈列要求。1989年，建设新博物馆被提上了议事日程，时任山东省的相关领导多次亲临博物馆，咨询了解相关情况。1990年，在山东省政府的直接关怀下，山东省博物馆新建馆址确定在千佛山北麓，征地约50亩于1991年8月1日正式奠基，省长赵志浩，副省长李春亭、张瑞凤、宋法棠，国家文物局副局长张柏等参加了奠基仪式，1992年10月主体工程落成，1994年4月29日正式对外开放。主体建筑占地3.4万平方米，其中馆舍建筑面积2.1万平方米，陈列面积1.2万平方米，包括陈列楼、文物藏品楼、办公楼等一组完整的建筑，建筑采用现代化的装饰与古典传统的庑殿顶建筑相结合的风格，显得宏伟典雅、气派稳重，实现了民族风格与现代设计艺术的完美统一。宏伟、典雅的建筑群，体现了民族风格与现代艺术的结合，成为中国历史文化名城济南的一大景观。山东省博物馆新馆选址在济南市新城东部中心区域，2007年12月29日奠基，2008年4月正式开工建设，建设用地230亩，主体建筑面积8.3万平方米,人防及地下配套工程4.5万平方米,广场约10万平方米。整体建筑汲取国内外众多优秀规划的精髓,借鉴了中国古代"天圆地方"的布局,规划方正、稳重,布局采用轴线对称的空间构成手法,强调建筑庄重大气的风格[①]。

山东省博物馆旧馆

第二节 山东博物馆藏品推介的特色

一、选定推介藏品,掌握推介亮点

博物馆的存在在于藏品,博物馆的藏品源于征集,追寻更多的藏品是博物馆目标之一。文物征集工作是博物馆不断获取藏品补给的活水源头。山东省博物馆(以下简称"省博")是全省文物的收藏中心,拥有各类藏品11万件,尤以陶器、青铜器、甲

---

① 鲁文生:《天人合一的建筑杰作——山东省博物馆新馆建筑特色与理念》,《中国博物馆》2010年第2期。

骨文、陶文、封泥、玺印、简牍、汉画像石、书画、善本书等收藏最具特色。其中，国家一级文物1380余件，馆藏文物数量及一级藏品数量均居全国博物馆前列①。

在选定推介藏品时，博物馆要做的绝不仅是将藏品的信息资料以实物或图片的形式单调地对外展出，而是要分析展品背后的故事，让展品"说话"，除了史实考证和结构性能分析之外，更要凸显人文精神与审美价值，靠近现实生活，吸引观众。另外，博物馆还可以将藏品通过高新技术与设备数字化、信息化，放置在线上的网络与社交媒体、线下的纸媒与各类衍生品之中，或者将博物馆的数字资源授权给各类经销商开发不同的产品。②

作为学校教育的延伸，博物馆生动、直观的教育形式是其他教育形式无可比拟的。在重参与、重过程、重体验设计理念的指引下，各项研学活动通过读万卷书，赏万件物，行万里路，激发中小学生对文物的好奇心、自豪感和求知欲，增强社会责任感和文化使命感。

围绕习近平总书记关于"让文物活起来"的重要指示精神，山东博物馆推出了系列智慧社教研学课程。2021年7月，"中国服饰文化之冠帽"系列智慧社教研学课程的问世便是开创性的实践之一。本次活动的展厅研学与惊艳世人的大展《鲁王之宝——明朱檀墓出土文物精品展》相结合，以馆藏九旒冕为依托，通过介绍明初冕冠实物，了解明代冕冠礼制，感悟礼仪之邦的历史文化内涵。一是达到让学生认识冕冠样式及外形特征，了解不同等级身份的冕冠制度，感悟礼仪之邦的历史文化内涵的目的；二是达到通过活动对明代"冠饰"对古代服饰文化产生兴趣，在参与体验中培养青少年动手能力，团队合作能力。激发孩子们的想象力，提高审美能力的目标。本活动结合馆藏明代冕冠，运用互动讲解，观察展厅实物的形式，使青少年认识明代冕冠的基本特点和样式，以及古代森严的佩戴穿搭制度，感受冠礼的重要性，体会其内涵与文化。通过活动材料包制作体验，让青少年在活动中对明代服饰产生兴趣，感悟传统服饰之美。让学生对中国服饰文化中的冠帽有了更加深入的了解。又如在"中华服饰礼仪——华服美裳"教育活动中，山东博物馆结合馆藏明代服饰，通过带领青少年了解明代服饰的形制、纹样以及古代森严的穿衣制度，引导参与者正确参观博物馆，

---

① 滕卫：《山东省博物馆文物征集工作纪实》，《中国博物馆》2010年第2期。
② 于奇赫：《中国博物馆数字资源传播与知识产权保护研究》，《中国博物馆》2018年第1期。

认识明代服饰基本特点和样式,以及古代森严的穿衣制度,进一步体会传统服饰的内涵与文化,并在活动区利用活动材料包,根据穿着不同的身份人物进行涂色并将卡片组合成型,利用寓教于乐的动手体验形式巩固活动知识内容,感受传统服饰之美,感悟礼仪之邦的历史文化内涵。

山东博物馆《鲁王之宝——明朱檀墓出土文物精品展》

二、明确推介目的，选择推介方式

博物馆的陈列展览是知识和思想传播的载体。它既要符合展览传播的需要，又要以观众为中心，吸引公众参观。不同类型的博物馆应该结合自身的定位与资源，确定陈列展览的主题和特色，重视陈列展览内容设计文本与设计制作，加强陈列展览的学术支撑，主动向社会公众普及、阐释展览内容特别是出土文物的综合价值；同时，有效运用高科技展示手段，补充完善陈列展示方式，提升陈列展览的感染力，追求陈列展览艺术与陈列展览技术的有机结合，全方位地传播展览的知识信息，从而实现学术性与趣味性的统一，更好地发挥传播与教育职能[①]。

在选择方式阶段，推介人首先需要明确推介目的。依据藏品的特点选定藏品的推介方式。在对藏品的详细信息进行充分了解后，规划出具体的方式和主题。一般而言，常见的推介方式有展览、讲解、教育活动、媒体推送等。为了更好地实现博物馆为社会服务的根本目的，博物馆除了作为文化事业推广者外，还要肩负起类似商业经营者的角色，根据自身的特点，借用市场营销的理论与方法，组织生产、推介合适的博物馆"产品"，来满足观众需求和社会要求，实现博物馆社会教育使命的综合性[②]。

近年来，山东博物馆不断盘活馆藏文物资源，积极推动文物保护成果创造性转化，探索博物馆青少年教育模式，逐渐形成了独具特色的教育推广模式。例如山东博物馆乡村振兴文化服务走进了广大农村地区，本着"走进大千世界，把博物馆办在百姓家门口"的服务理念，让人民走进山东博物馆既可以"看得见、听得懂"，又可以"带得走、有回忆"，最大程度提高乡村学生的获得感。

2020年10月，山东博物馆乡村振兴文化服务走进滕州市东郭镇暨首家山东博物馆乡村振兴文化服务站揭牌活动在东郭镇文化大院举行。山东博物馆为东郭镇中心小学同学们带去了一堂别开生面的文博公共教育课，通过文博知识的普及，使同学们进一步知晓中华文化的历史内涵，知晓文物背后的历史、人文、风俗故事，学习到优秀传统文化和社会主义核心价值观，提高了同学们文物保护意识。本次活动的成功举办，

---

① 单霁翔：《浅析博物馆陈列展览的学术性与趣味性》，《东南文化》2013年第2期。
② 陈阳：《土耳其博物馆考察的几点启示》，《经济研究参考》2013年第34期。

标志着山东首个博物馆乡村振兴文化服务站的建成，是博物馆乡村服务又一里程碑的发展。山东博物馆本着"公众的需求就是我们的追求"的服务宗旨，明确"走进大千世界，把博物馆办在百姓家门口"的服务理念，将"送文化"变为"种文化"，建立固定的博物馆乡村振兴文化服务站，拓展了服务时间的长度，提高了服务内容的灵活度，扩大了服务对象的广度，使得博物馆真正从象牙塔里走进缤纷的大千世界。通过创新思路、开辟新径，让老百姓真正享受到公共文化服务带来的实惠，助力建设乡村振兴"齐鲁样板"。

三、紧扣推介主题，加强对外宣传

媒体技术已经在博物馆传播方法上掀起了一场革命。[①] 媒体平台是博物馆藏品推介的一个重要载体，尤其是在科学技术快速发展的当代，网络传播以其即时性、广泛性的优势占据了对外宣传的重要地位。如今文化产业繁荣发展，文化娱乐活动较之以往

前来山东博物馆参观的游客

[①] 魏敏：《新媒体时代的博物馆展览——基于观众研究的分析与探索》，《东南文化》2013年第6期。

更为丰富，这对于博物馆而言既是机遇也是挑战。较强的趣味性和影响力是大众传媒的特点，博物馆可以此为依托，搭建文化桥梁，加强对外宣传，以求为更多受众所认可。但移动端平台也有其局限性，如受众群体主要以青、少年为主。根据《山东博物馆2018年度观众满意度调查分析报告》显示，48.03%的观众主要通过亲朋好友及老师等推荐来获取博物馆资讯，从网络方面获取的占比31.8%，其他渠道也有不同程度的分布，而且通过调查数据96.72%的被调查观众愿意向亲朋好友推荐山东博物馆，说明观众在获取博物馆资讯方面的渠道相对多元化。

第三节 山东博物馆藏品推介案例说明

山东博物馆共收藏30万余件文物，一级藏品有1407件，包括31个大类，具有数量多、种类丰富的特点。笔者通过在众多藏品中选择甲骨、汉画像石和明代服饰三类，通过展厅陈列、教育活动、讲解工作、博媒融合等不同角度介绍我馆藏品宣传推介案例。

2018—2019年，我馆对于文物藏品的宣传推介方式主要以展厅讲解、教育课程、传统媒体等手段为主，新媒体为辅。2020年、2021年受新冠疫情影响，在防疫常态化的大环境下，我馆落实防疫要求，稳健开展宣传，除疫情前的常规推介外，更重视以新媒体平台等线上方式进行宣传藏品及展览。

一、基于展厅陈列的藏品推介

关于对展品的推介方式种类多样，其中最早开始、范围最广、至今仍占主要地位的当属通过举办展览的方式宣传藏品。山东博物馆基于数量丰富、种类多样的馆藏文物资源，举办众多展览。

（一）"鲁王之宝——明朱檀墓出土文物精品展"

以山东博物馆常设展览"鲁王之宝——明朱檀墓出土文物精品展"为例，展厅展出了明代开国皇帝朱元璋第十子朱檀墓中出土的1100多件文物，为观众描绘出明初亲王的生活图景。在展览王室礼仪、日常起居、文房珍宝、出行仪仗四个单元，分别展出了朱檀冠冕配饰、家具服装、笔墨纸砚、琴棋书画、彩绘木俑等等。以文物藏品为基础，空间设计为辅，策展人向观众生动地讲述了一个关于明代藩王的一生的故事。展厅第一单元重点文物九旒冕、九缝皮弁位于主展线正中的独立展柜中，360°灯光照映下，文物带光环，视觉效果好，使观众不自觉地意识它们的重要，很好地配合展品内容主题。第三单元文房珍宝展区中，在天风海涛琴展柜旁布置显示屏，播出山东古琴大师高培芬弹奏古琴的情景，观众凝视静默的唐琴、在动人的古琴曲声中倾听讲解天风海涛琴的流传经历，感受藏品的珍贵性，得到美的享受。观众观展中在视觉、听觉、感觉等多维感知下，不难想象出鲁王朱檀在当时的生活起居和社会地位，从而达到了藏品推介与观众感知相宜的传播目的。

（二）"衣冠大成——明代服饰文化展"

文化自信是一个国家、一个民族发展中更基本、更深沉、更持久的力量。坚定理想信念，依靠文化自信，没有中华优秀传统文化、革命文化、社会主义先进文化，理想信念就难以深沉而持久。博物馆正日益成为展示传播中华文明、凝聚国家认同、增强文化自信、促进多元文明交流互鉴的重要平台，博物馆在致力于中华文化的展示，围绕中华民族伟大复兴中国梦，在推动中华优秀传统文化创造性转化和创新性发展，厚植家国情怀、培育精神家园，坚持中国道路、弘扬中国精神、凝聚中国力量中发挥积极作用。[①] 近年来，人们对文化自信关注度越来越高，参观博物馆的过程就是一次感受中华文明文化，形成对本民族文化自信心和凝聚力的过程。

明代服饰远法周汉，近取唐宋，集历代服饰之大成，成为华夏衣冠的典范。2020年度山东博物馆最具人气展览当属"衣冠大成——明代服饰文化展"，展览将历代服饰的概念化形象、明代传统服饰和当代再设计服装融合贯通，共展出山东博物馆及孔子博物馆明代服饰实物32件，结合馆藏明代家具、书画、配饰等相关文物，通过垂衣天下治、华锦庆嘉时、香霭入长裾三个单元，分别介绍了明代官员服饰、吉服和日常起居服饰。在空间构建方面，第一单元展陈空间居中对称，明星展品有赤罗朝服——现存最为完整的

---

① 张立：《后疫情时代博物馆传播新样态及其路径研究》，《云南师范大学学报（哲学社会科学版）》2021年第3期。

明代朝服实物、梁冠——我国目前已知所存的唯一一件梁冠传世实物、公服、常服等官员服饰。居中对称的空间给人以庄重严肃的感觉。展陈对服饰的色彩、面料、纹样和款式都有深入的解读，对织绣工艺和裁缝技术也有详细的介绍。服装与着装人身份的要求是展陈中重点关注的，以历史画像结合展示；服饰的穿搭顺序除以图文表示以外，还用多媒体的方式进行展示；为了帮助人们更好地理解不同服装不同的穿着场合，展陈还将明代于慎行的《宦迹图》以多媒体的形式，直观地呈现在观众面前。展陈还吸收了文物、考古、服装史等学术成果，对幞头的演变和礼服的袖型的变化予以说明。

山东省博物馆《衣冠大成——明代服饰文化展》

展览设计的核心目标首先是超越单纯的物质呈现,通过视觉语言揭示明代服饰背后的多元文化内涵;其次,尽可能消除现代公众与古代服饰之间的物理、生理和心理的距离。最后,用当代的美学视角阐释中国传统文化。

展陈通过多层次的视觉隐喻,使物回归历史语境,揭示服饰的多元内涵。朝服、公服与命妇服饰的展示布局,采取了空间隐喻的手法。这三类展品是明代服饰中的高等级服饰,透露着较高的社会等级与显要的社会身份。然而,如何将这个抽象概念转化为观众可感可知的文化知识呢?展陈借用中国传统建筑"轴对称"的概念,设计了两组中轴线。正对着展厅入口中轴线的视觉尽头,放置着朝服,象征着高等级权力。朝服东西两侧延伸出另一条中轴线,分别是公服与命妇服饰,对称地陈列在朝服两侧,象征着次一等级的权力,以及服饰背后的性别关系。

近年来,大数据、云计算、人工智能、5G 网络等信息技术的快速发展,给文物博物馆行业的各项工作带来了深刻影响。进一步加强文物信息的数字化采集和保护,深入挖掘文物知识,创新传播传承手段,依托文物资源讲好中国故事,是贯彻落实习近平总书记关于"文物保护要依靠科技""让文物活起来"的重要论述精神,在新时代努力走出符合中国国情的文物保护利用之路的重要举措①。为了让观众更直观地感受不同类型服饰的功能、风格与气质,展陈形式设计团队提取了不同类型服饰各自的典型颜色与纹样元素,应用在空间的装饰及整体的视觉系统中,第一单元展示等级森严的官服,提取香色与靛青为主色调,布局亦遵循了服装本身的等级关系,空间中营造出循序渐进、规整、肃穆的秩序感;第二单元展示华丽奔放的吉服,提取牙色、绯红、靛青为主色调,呈现工艺与纹饰之美,空间中弥漫着华美热烈的气氛;第三单元展示素雅内敛的便服,提取水色、月白为主色调,空间闲逸雅致,亲和宜人,表现明人的日常生活与情志。在三个单元中,配合相关主题的光影、肌理与材质,脱离语境的古代服饰再次回归到官场、礼仪、日常三个历史语境中,并得以解读。②

周婧景在《博物馆现象的内在逻辑及其研究价值初探——从〈博物馆策展〉一书谈起》中认为,在博物馆的信息传播中,物的研究是基础,人的研究是核心,此外还要以沟通"人"与"物"的传播技术为媒介,只有三者有机结合,才能形成有

---

① 朱仲华、周坤:《服饰类文物数字化保护利用的创新探索——以"衣冠大成——明代服饰文化展"为例》,《文物天地》2020 年第 12 期。

② 山东博物馆:《中国文物报》2020 年 9 月 25 日,6 – 7 版。

效的阐释。① 而山东博物馆在本展览中不仅体现了"以观众为中心"的办展理念，还以服饰藏品为基础，创造性地辅以先进技术手段，大大增加了展览的生动性、观赏性和学术性，满足了不同群体不同层次的观展需求。

展陈服务观众，通过调动多感官认知，促使古服与今人零距离接触。展陈设计团队非常重视多感官认知与沉浸式体验。比如，为了更熨帖服饰本身"适身体，和肌肤"的温和触感，空间中多运用去尖锐化的造型，以及柔性的帷幔等装饰来渲染这种氛围。另外，在第二单元设置了一个"镜面影院"，利用镜面对称原理，飞鱼、斗牛等传统纹样在其中以充满张力的现代化视觉语言来表达，犹如置身万花筒中，多感官共同沉浸其中，感受传统服饰的现代魅力。除了让观众在历史语境下观察服饰，并借助多媒体装置多感官体验服饰的色彩、纹饰魅力之外，展陈设计团队还设置了一些互动展项，通过关联观众的日常的生活经验，缩短观众与服饰之间的距离感。设计交互区域，观众可以通过触摸绫、缎、纱、锦、绢等面料样品，感受微妙区别，有效连接观众的日常经验，解除观众与传统服饰文化之间的场域隔离。

通过全方面调动视觉、听觉、触觉、感觉，实现观众与展览产生有效的交互，在感知文物的同时可以和个人日常工作、学习、生活产生链接，从而感受到文物距离我们并不遥远，只要细心观察、用心感知、耐心探寻就可以感受到来自历史的温度。

二、基于教育活动的藏品推介

现代博物馆经营的核心是展示教育和开放服务。在免费开放后，如何提升我国博物馆的展示教育和开放服务水平，提高博物馆服务社会的质量，是我国博物馆经营面临的一个重大问题②。在现代博物馆的经营管理中，"教育"不仅是博物馆对社会的责任，也是其首要目的和功能。③ 在国家素质教育理念的发展及文化强国战略的需求下，随着文旅融合的快速发展和国家政策层面的助力，公众对博物馆的关注度不断提升，博物馆的教育越来越成为一种新型的文化传播方式，受到社会各界的重视。同时，博

---

① 周婧景：《博物馆现象的内在逻辑及其研究价值初探——从〈博物馆策展〉一书谈起》，《博物馆发展趋势》，2020年2月。
② 陆建松、厉樱姿：《我国博物馆展示教育和开放服务现状、问题和对策思考》，《东南文化》2011第1期。
③ 郑奕、陆建松：《博物馆要"重展"更要"重教"》，《东南文化》2012年第5期。

物馆行业也在新技术的加持下不断提升服务品质,为博物馆社会教育及传播工作的进一步完善创造良好的条件。

山东博物馆研学课程

2015 年,国家文物局和教育部颁发了《关于加强文教结合、完善博物馆青少年教育功能的指导意见》[①]。该文件为博物馆教育面向中小学生开放更多资源提供了明确的指导方向,有助于进一步加深学校与博物馆之间的交流合作,强调博物馆为学校教育提供教育资源的必要性,同时探索更广泛的馆校合作机制。2020 年,教育部和国家文物局联合发文《关于利用博物馆资源开展中小学教育教学的意见》[②],提出各地教育部门和中小学要将博物馆青少年教育纳入课后服务内容。

由近年来不断出台的政策和文件可以看出,博物馆中小学教育已成为未来博物馆发展的重要环节,应着力拓展博物馆教育方式,创新博物馆学习方法,整合有效资源让博物馆教育真正走出博物馆,走进学校,融入学生的学习之中。基于博物馆的目标

---

① 中华人民共和国教育部、国家文物局、教育部关于加强文教结合、完善博物馆青少年教育功能的指导意见:文物博发〔2015〕9 号〔A/OL〕.〔2020-12-05〕. http://www.moe.gov.cn/jyb_xxgk/moe_1777/moe_1779/201509/t20150915_208161.html.

② 中华人民共和国教育部、国家文物局联合印发关于利用博物馆资源开展中小学教育教学的意见〔A/OL〕.(2020-10-20)〔2020-12-05〕. http://www.moe.gov.cn/jyb_xwfb/gzdt_gzdt/s5987/202010/t20201020_495770.html.

和宗旨，在文化强国的背景下，笔者主要就山东博物馆的教育实践进行探讨，探索博物馆在中小学教育资源整合方面的发展。

（一）博物馆教育特点

博物馆教育是根据博物馆的藏品和陈列展览以及相关材料，运用多种手段和方法，直接形象地对观众进行科学文化教育，提高思想品德、审美情趣，是博物馆重要功能之一。

博物馆的藏品综合性、多学科、多角度、多层次的特点，使得与学校中学科教育之间存在契合点。博物馆的文物和展品具有可视性和直观性的特点，可激发学生学习的兴趣，寓教于乐。博物馆教育具有社会性和群众性，博物馆教育内容具有多样性、广博性。

博物馆教育与学校学科教育相比具有强大生命力与吸引力。有着20年博物馆教育从业经验的笔者认为：让大家会用博物馆，用好博物馆，这是作为博物馆宣教人的责任与担当。

（二）山东博物馆社会教育综述

休闲娱乐中学习科学知识的科普旅游方式是现代旅游发展的趋势之一，而博物馆是科普旅游发展的重要载体[1]。近年来，许多博物馆纷纷通过开展各种形式的教育活动来吸引众多观众到馆参观，以形成主动的多元化教育服务模式，拓展博物馆的教育功能。[2] 自2008年博物馆免费开放以来，山东博物馆一方面不断盘活馆藏文物资源，积极推动文物保护成果的创造性转化、创新性发展，让文物蕴藏的价值融入人们生活。并且通过举办主题展览，弘扬优秀传统文化和社会主义核心价值观。另一方面，免费开放以来，大量的青少年群体将博物馆作为学校以外的"第二课堂"，这成了山东博物馆发展青少年教育的基础和前提。所以，为青少年提供良好的博物馆教育环境，不断深化展览资源，做到"展教结合"成为追求的目标。近年来，山东博物馆不断探索博物馆青少年教育模式，夯实教育内容，完善教育流程，深挖教育资源，逐渐形成了独

---

[1] 唐顺英、刘丰祥：《山东省博物馆科普旅游发展战略研究》，《国土与自然资源研究》2006年第4期。
[2] 杨丹丹：《论博物馆教育活动的可持续发展——以首都博物馆青少年教育活动为例》，《中国博物馆》2010年第1期。

具特色的教育推广模式。

十三五期间,共举办各类青少年教育活动 1800 余场次,流动博物馆走进校园 174 场次,开发博物馆系列活动课程 120 项,研发学生自主研学手册 23 种,开发研学教具材料包 56 项。

1. 博物馆教育高地建设初见成效

博物馆作为公众可进入的非正式学习环境,以科学、历史、考古和艺术为主题,并涉及各种物品和现场或模拟的展品。[①] 2014 年"网络课堂"建设让更多地区尤其是博物馆设施薄弱地区的青少年认识、了解博物馆。2015 年项目库建设让学校尤其是博物馆周边地区学校的青少年更加系统深刻地读懂博物馆。2014 年–2015 年,山东博物馆连续两年完成国家文物局关于"完善博物馆青少年教育功能试点"工作。2016 年博物馆青少年教育功能提升项目,让更多地区的青少年走进博物馆,参与博物馆,切实实现博物馆青少年教育功能的均等性。2017 年,山东博物馆成为第一批全国中小学生研学实践教育基地,经过三年的建设发展,已经形成"示范性教学,广泛性指导,自主性研学"的博物馆研学旅行模式。山东博物馆研学活动受到大众的普遍欢迎,中小学生博物馆研学满意率达到 99.8%,成为业内公认的全国博物馆研学旅行高地。

2. 构建了"一课二实"的博物馆研学教育模式

博物馆作为"为教育、研究、欣赏的目的征集、保护、研究、传播并展出人类及人类环境的物质及非物质文化遗产"的重要机构,可以通过展览教育活动及与研究和藏品有关的教育活动,来更好地履行组织使命[②]。"一课"指学校"课堂教育","二实"指博物馆"实物教育"与文化遗产地"实地教育"相结合。"一课二实"的博物馆研学教育模式有效链接博物馆教育、学校教育和文化旅游,实现学校"课堂教育"、博物馆"实物教育"和文化遗产"实地教育"三者的有机统一,课堂教育积累知识,实物教育发展能力,实地教育完善情感。变博物馆参观为博物馆研学(游学),突出博物馆教育的链接纽带作用。

按照"一课二实"模式推出的"国之干城——齐长城研习活动"、"知书"系列、"书于竹简"等教育活动课程观众满意度达 99.9%

---

① Andre, L., Durksen, T. & Volman, M. L, 《Museums as avenues of learning for children: a decade of research》,《Learning Environmental Research》2017 年第 1 期。

② 王愉贵子:《博物馆公众教育活动现状浅析》,《中国民族博览》2020 年第 12 期。

在展厅与教室开展教育课程

"书于竹简"博物馆研学教育课程荣获 2015—2017 年度中国博物馆青少年教育课程优秀案例推介展示活动优秀教学设计奖。"'博物馆里欢乐年'传统文化教育项目"和"丝路故事——经纬之术"先后被评为全省博物馆十佳社会教育活动案例,孔子学堂博物馆教育项目被中国博物馆协会列为"首届中国博物馆教育项目示范案例"进行推荐。

山东博物馆开展研学课程

获得荣誉

3. 青少年教育课程项目库建设迈向品牌化

促进博物馆教育的高质量发展在"双减"等系列政策的指导下，出于完善博物馆青少年教育功能的初心，博物馆应更大限度地承担社会责任，发挥教育功能。① 不同于家庭教育和学校教育，博物馆教育具有公众性和社会性，所以山东博物馆通过划分年龄、划分主题的项目库建设满足了不同年龄、不同程度、不同喜好的中小学生教育需求，吸引了越来越多的孩子走进博物馆来获取知识与文化。山东博物馆不断盘活馆藏文物资源，积极推动文物保护成果创造性转化，探索博物馆青少年教育模式，将教育

---

① 聂昱、邓丽敏、王楠、郝瑜沛：《面向高阶思维培养的博物馆课程话语分析实证研究》，《电化教育研究》2022年第2期。

品牌进行整合。在持续实践与总结反思中，形成体系化教育、模范化课程和全方位项目库，我馆青少年教育课程项目库建设逐渐形成品牌化。

项目库打破学科分类，以综合教育为主，形成了"12345"的课程项目库框架。"1"即"让文物活起来"这一项目库建设目标；"2"即"跨界合作"和"馆校共建"两个组织实施支撑；"3"分为小学低年级、小学高年级、初中生三个学段层次；"4"即课程项目的4个方面：包含200余项"课程方案"、20种"自主学习单"、56项"课程材料包"、12项"线上课程视频"；"5"即打造"知书达礼""考工记""美的历程""模拟考古""我们的节日"5个示范性品牌课程体系。整个项目库使教育资源有效地整合在一起，框架清晰、内容充实。

我馆充分运用馆藏文物资源，研发种类齐备、门类多样的教育活动，引导青少年沉浸在展览中了解文物背后的故事，培养问题思维、探索精神、求证真知、得出结论的学习行为。"知书"教育课程包括"陶文华衣""揭秘甲骨""书于简帛""金文振振""线装书装帧""书论语诵经典"等活动，从书法入手，与文物结合，逐步递进，实现"写好汉字，做好文章"的目的。"射"艺教育活动旨在将游与艺相结合，培养学生严于律己，戒骄戒躁的行为品德。目前，"知书"系列、"书于竹简"等教育活动课程的观众满意度达99.9%。

"知书"课程

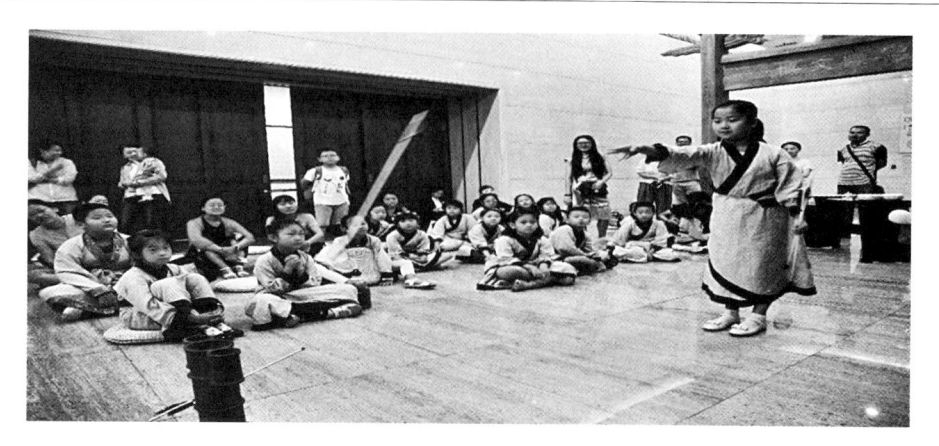

"射"艺教育活动

教具材料包

4. 馆校合作由"资源提供"向"项目驱动"转变

博物馆教育具有一系列不同于学校教育的特征,诸如:公共性、开放性、共享性、实物性、视觉性、自主自由性、物我交互性、情境体验性、具身认知性、休闲娱乐性以及文化异质性(观众去博物馆观看和体验的多为不常接触的异质文化,而非平日所见所感的、无异于常的同质文化)。[①] 在新时代背景下,博物馆如何由"资源提供"向

---

① 徐望、刘媛之:《博物馆戏剧教育功能的发挥》,《四川戏剧》2022年第1期。

"项目驱动"转变？山东博物馆提出了"项目驱动"式馆校合作模式。教师沙龙、下午三点半、国宝小主播、环球自然日等都是这个模式下的典型活动。在笔者看来，品牌化和项目制是山东博物馆宣教工作的亮点和特色。十几年来我们通过项目运作来擦亮品牌。宣教部形成团结协作的团队，一个人可以把包括讲解、调研、研究等各个环节的工作负责到底。2022年新春热展"山东龙——穿越白垩纪""晶彩——探寻神奇的矿物世界"，展览最大的亮点就是展教结合，宣教部参与展览的策展阶段，以受众需求为导向，把在工作实践中形成的观众熟悉度以及观众关注点剖析研究。智慧语音导览项目组、认蛋归亲教育活动、足迹教育活动等项目组都在此基础上有序完成相关工作的。以"教师带动学校，学生带动班级"的馆校互动机制使得博物馆与学校的合作由"单向资源提供"转变为"双向项目驱动"，使得合作方式更具可持续发展性，同时有效增强了博物馆与学校、博物馆与学生、博物馆与家庭三个维度的用户黏度，从而有利于馆校合作走上高质量发展之路。

山东龙——穿越白垩纪展"认蛋归亲"活动现场

5. 博物馆研学，将博物馆之旅延伸更广

文化与旅游深度融合，既是博物馆发展的重大契机，也是博物馆面临的全新挑战。

博物馆旅游成为新的旅游形式，这批游客也成为新的博物馆观众。① 在文旅融合的视域下，博物馆作为文化和旅游相交的跨界之处，应当充分把握时代机遇，一方面增进文化的旅游功能，另一方面通过旅游带动文化研究与教育普及。在这一方面，山东省博物馆做出了非常好的尝试。2017 年，山东博物馆率先提出了博物馆研学的概念，并逐步构建了"一课二实"的博物馆研学教育模式。"一课"即博物馆研学实践教育课程体系，"二实"为博物馆实物教育，文化遗产实地教育。实地教育还延伸到了三孔、鲁国故城、邹城。邹鲁儒学行活动以"孝义天下·感恩父母"为主题，带领学生来到邹城，登峄山，访孟府孟庙，体验了一次文化之旅。该活动从孔子文化展中提取了"孝"的主题，旨在让学生深度理解孝的含义并积极践行，将博物馆之旅延伸到了更广阔的天地之中。2020 年"家风家教邹鲁行"获得了 2015—2019 年度博物馆研学最佳线路。

在重参与、重过程、重体验设计理念的指引下，各项研学活动通过读万卷书，赏万件物，行万里路，激发中小学生对文物的好奇心、自豪感和求知欲，增强社会责任感和文化使命感。尤其是在后疫情时代，教育出版单位和红色基地、实训基地、少年宫、博物馆共建的研学业务重回大众视野，研学市场规模会进一步扩大。② 近年来，山东博物馆先后入选全国完善博物馆青少年教育功能首批试点单位和首批全国中小学生研学实践教育基地，系列博物馆研学教育项目多次荣获全省、全国博物馆青少年教育优秀案例。

围绕习近平总书记关于"让文物活起来"的重要指示精神，山东博物馆推出了系列智慧社教研学课程。2021 年 7 月，"中国服饰文化之冠帽"系列智慧社教研学课程的问世便是开创性的实践之一。课程面向小学高年级，分为智慧社教课堂与展厅研学两个部分。为了增强博物馆学习的趣味性、互动性和体验性，山东博物馆和云观博共同研发了系列青少年 AR 社教绘本、基于平板的数字教育课程、互动任务卡等丰富多样的教育材料，让学生对中国服饰文化中的冠帽有了更加深入的了解。展厅是博物馆教育最好的实物课堂和探索基地，本次活动的展厅研学与惊艳世人的大展"鲁王之宝——明朱檀墓出土文物精品展"相结合。2021 年"中国服饰文化之冠帽"系列智慧社教研学课程获得了 2021 年度十佳文博社教案例。

---

① 钱兆悦：《文旅融合下的博物馆公众服务：新理念、新方法》，《东南文化》2018 年第 3 期。
② 李兵、蒋海鸥：《"双减"政策带来新机遇 教辅出版开拓新出路》，《出版广角》2022 年第 20 期。

山东省文化和旅游厅副厅长王廷琦表示："让文物活起来，就是让文物走出博物馆，走到大众中间去，将'以文化人'的作用充分发挥出来。2020年，山东省出台了《关于加强文物保护利用改革的实施方案》，提出到2025年建成文物强省的宏伟目标，需要我们创新文物价值挖掘阐释和认知传播的方式，着力激发博物馆活力，推动文物工作融入现代社会与生产生活中去。博物馆既是公共文化服务的重要阵地，也是文化旅游发展的重要载体。山东博物馆的系列研学活动充分发挥了文物的社会教育功能，既挖掘了文物的深层价值，又为博物馆与大众搭建了沟通的桥梁。"

6. "送文化"到种文化，行走的博物馆践行科普使命

近年来，山东博物馆高度重视文物科普工作，由"送文化"变为种文化。流动博物馆走进校园是馆校合作的一种实现形式。每周四，我们定为"山东博物馆进校园日"，在这一天我们将馆校合作开发的博物馆课程，有针对性地走进校园，走进教室，让青少年在走进博物馆之前建立知识储备，做到"有的参观"。相对于之前博物馆只是消极地等待观众进入到场馆之中，才能够发挥作用，山东博物馆积极创新发展策略，从等待观众走进来，到主动走出去，主动将博物馆资源送到需要的地方，让很多没有条件进入博物馆的青少年能够在家中、在学校中便可以享受到博物馆的文化资源，这对于促进文化普及与教育公平是一项重要的补充。

近年来，流动博物馆走进校园。此外，还在学校设置展览推广墙、文化体验区等，将博物馆融入校园文化建设，并开展馆校合作课程。同时，山东博物馆还将行走的博物馆与乡村振兴相结合，最大程度提高乡村学生的获得感。对很多乡村学生来说，进入省级博物馆仍是一件很奢侈的事情，流动博物馆让这些身在乡村的学生也能够有机会一窥外面的精彩世界，一窥我国漫长悠久的历史文化，对这些乡村学生来说，是一种非常难得的体验。但这一活动也仍旧存在一些显而易见的问题，如博物馆藏品作为文物不能轻易出馆展出、活动经费不足、对外展开活动的工作人员不足等一系列问题。这些问题在现阶段还很难得到很好的解决，但这一活动仍是一次有益的尝试，对日后乡村教育的发展有一定的启示和借鉴意义。

2021年4月，由山东省文化和旅游厅、山东省社会科学界联合会主办，山东博物馆、山东博物馆学会和山东博物馆联盟承办，共同推出了"文物墨影，纸上春秋"——行走的博物馆经典馆藏书法文物校园行活动。该活动是新时代文明实践社科普及志愿服务乡村行活动的重要内容之一。经过数月的馆藏书法文物校园行，山东博

博物馆活动进校园

物馆为全省 8 个地市，20 余所学校的近 2000 名学生开启了书法文物之窗。该活动采取了诸多创新举措，省内学生"不出家门"就近距离观赏到了书法大家的书体原貌，在书法文物专家现场指导临摹的环节，学生更是跃跃欲试。

山东省社会科学界联合会党组书记刘致福指出："博物馆的社科普及活动是新时代文明实践社科普及志愿服务工作的重要内容。让丰厚的历史文化资源走到更广阔的人民群众中去，是满足大众精神需求与树立文化自信的重要举措。充分发挥社会科学工作者的主体力量、弘扬志愿服务精神，让文物在宣传普及创新理论、涵育优秀传统文化中活起来，能够更好发挥文物的时代价值，从而实现优秀传统文化的创造性转化、创新性发展。"

为了实现博物馆青少年教育资源与学校教育的有机衔接，山东博物馆有针对性地为学校提供与文物、展品深度接触的机会，"暗夜精灵荧光矿物展"便是把展览开在校园的生动实践。2021 年 9 月，山东博物馆同济南市历城二中教育集团达成了共建协议，将 31 件荧光矿物放在历城二中的科技馆展出。活动旨在通过馆校共建，使博物馆资源与中小学课堂教学、综合实践活动有机结合，构建具有均等性、广覆盖的长效机制。下一步，山东博物馆还会将陶器、瓷器，动物标本等藏品，推广到更多的学校进行深层次的展览展示。

三、基于讲解的藏品推介

讲解工作是博物馆宣教工作的重要组成部分，也是阐释博物馆展览、促进观众学习的重要一环。随着博物馆行业对社会教育工作重视程度的提升，各类博物馆都积极提供灵活多样的导览和讲解服务，特别是在互联网和新技术的加持下，各类智慧化的导览方式极大地优化了公众的参观体验，为博物馆开展社会教育及传播工作奠定了基础。[①] 除了传统的讲解员现场讲解以外，今天的很多博物馆都已经普及了电子讲解。观众只需要租借讲解器，或是用手机扫描展品标示牌上的二维码，便能够听到对这一藏品的深入讲解。但不管是现场讲解，还是电子讲解，讲解员的讲解质量很大程度上决定了观众在博物馆中的学习水平和藏品的推介效果。正所谓，讲解员是文物和观众之

---

① 张雪嫣：《新时代博物馆社会教育及传播工作的思考》，《出版广角》2021 年第 13 期。

间的一座桥梁,在博物馆语境下,针对不同受众类群,选择相对最优方案,以求不同类型的观众在听过讲解后都能有收获、会思考、引共鸣、愿分享。

　　李利霞认为,在新时代环境下博物馆的讲解工作已不是单纯讲解陈列展览的基本内容,更要"讨论博物馆与观众共同感兴趣的社会、文化课题"[①],即多维度多层次地介绍博物馆藏品的知识内涵,以求达到"令观众愉悦"的效果。因而重视讲解工作就是重视藏品推介、重视观众体验。从这个意义上来说,现场人工讲解仍有很多电子讲解所不能取代之处。电子讲解无法对观众的疑问做出及时回应,也无法直接观察观众的反应,做出适应的调整。而对于人工现场讲解来说,对不同年龄阶段和接受水平的观众,不断做出调整讲解策略,从而让现场观看的观众更有效、更充分地接受文化信息,是现场讲解员的素质要求。因此,在今天虽然博物馆电子讲解系统已经得到普及,但人工讲解仍然不可或缺,这一时代特征也对讲解员提出了更高的要求。

山东博物馆讲解员正在开展现场讲解

　　人们常说,讲解员是文物的代言人。随着"博物馆热"的风潮,社会大众对于博物馆的参观热情高涨,对于文物的求知欲增强。把众多参观者的观展需求总结一番会

---

① 李利霞:《新形势下博物馆宣教工作再认识——以晋城博物馆为例》,《文物鉴定与欣赏》2021年13期,第150页。

发现占比较多的分别是探寻历史、亲友休闲、旅游观展、打卡镇馆之宝等几类，根据观众需求不同，讲解语境具有差异性，藏品的选择也不全相同。

以 2020 年为时间分界，2020 年之前的博物馆讲解大概率是展厅实地讲解，与观众之间的交流互动感强，更有针对性，在交流过程中根据对方的反馈，讲解员可调整、选择内容的深浅和详略。这时的讲解除展厅讲解外，大赛讲解是传播性更广的讲解方式之一。

（一）精英比赛论技，讲好馆藏文物故事

2018 年由山东省委宣传部、山东省文化厅、山东广播电视台、山东省文物局主办"让文物讲好山东故事——'齐鲁瑰宝'推选暨金牌讲解员大赛活动"。经过多场角逐，山东博物馆两名讲解员获一等奖并荣获"山东省十佳金牌讲解员"称号，一名讲解员获二等奖，两名讲解员获三等奖。在比赛过程中，山东博物馆讲解员真情展现了讲解员行业的酸甜苦辣；落落大方地展示了舞蹈、二胡等多项才艺；细致讲述了"蛋壳黑陶杯""汉画像石"等山东博物馆重点文物，将龙山文化与齐鲁文化以馆内实物藏品为依存介绍给了广大观众。既丰富了讲解员梦想的舞台，也促进了社会各界对山东博物馆的了解。

讲解比赛现场

2020年"5·18国际博物馆日",由中国文物报社、中央广播电视总台新闻新媒体中心共同发起的"国宝讲述人(云讲国宝)——全国文博在线讲解线上讲解推介活动",由中国文物学会、中国博物馆协会提供学术支持,以哔哩哔哩弹幕视频网为实施平台,以网络微视频和网络线上讲解为主要传播形式,以可移动文物(展览、展品)或不可移动文物(世界遗产地、文物保护单位)为主要讲解对象,兼具讲解比赛和网络综艺节目双重属性。活动通过讲述国宝、传播知识、弘扬文化,深入挖掘和广泛传播文物蕴含的文化精髓和时代价值,让中华优秀传统文化活在当下,把历史智慧传递给广大公众,努力构筑中国精神、中国价值和中国力量。本次"云讲国宝"比赛区别于以往传统讲解比赛的最鲜明特点是"云比赛",比赛赛程赛制的性质和作品呈现平台属性共同决定了本次比赛是兼具讲解比赛和网络综艺节目双重属性的在线文物传播活动。专业性、传播性、艺术性、规范性的评审标准更是要求参赛视频讲解内容专业、知识无误;步骤规范、操作合理;画面有质感、视听语言到位;符合当下主流人群的兴趣爱好和观赏习惯。我部备赛团队经过精心打磨,作品经过内容初审、线上初赛、线上讲解复赛、线上直播复赛流程,最终获得"十佳国宝讲述人"荣誉称号。

"2021年全国文化遗产云传播精品征集推介活动"由中国文物报社和中国电视艺术交流协会共同主办的,旨在促进新一代互联网技术发展成果与中华优秀传统文化传承发展相融合,充分发挥文化遗产"云传播"在展现多彩多元的中华文明、传递中国声音。在本次活动中,我馆作品"红"服获得"全国文化遗产云讲解十佳项目"荣誉。

(二)相约云端的"山东博物馆"

为满足人民群众日益增长的精神文化需求,博物馆作为社会文化宣传与教育的重要场所起到了不可忽视的重要作用。它兼具藏品保管与展示、信息采集与存储、弘扬优秀文化等重要功能。数字博物馆作为传统博物馆的延伸拓展,是传统博物馆在内容上的整合和技术上的革新,除了能够更加高效便捷地实现这些重要功能外还能更好地起到宣传教育等作用①。

随着计算机技术、多媒体技术、通信技术和网络技术的飞速发展,数字化博物馆

---

① 史学军、王雨微:《背景下数字博物馆建设的思考》,《东南文化》2021年增刊第1期。

初露端倪。① 从线下到线上,不仅仅是传播媒介的改变,更是整个博物馆运行机制和发展生态的变化。媒介的改变不仅仅改变了人们观看展览藏品的视觉效果,也对文物所呈现的文化信息接受造成了新的变化。在当下特殊的时代背景下,信息技术高速发展,让博物馆事业的发展面临新的挑战,同时也是新的机遇。2020年因突发的新冠疫情给各行各业带来冲击,文旅融合下的博物馆也深受影响,疫情期间,山东博物馆积极响应国家号召,做出"闭馆不闭展"的措施,满足群众防疫与看展的双重需求,走上线上云讲解之路。白驹过隙,已一年有余,后疫情时代,整理来看全年观众量较以往有所减少,云传播渐成常态化。我馆联合山东电视台、新华网、抖音、鲁网等多方媒体力量开展直播、录制等活动,利用数字化服务新阵地开展沉浸感线上游博物馆讲解服务,组织了20余场云讲解活动,参与"山东博物馆"抖音账号开展的"抖音热点短视频"拍摄,所拍视频获得了2243点赞量,丰富了人民群众的精神生活,弘扬了齐鲁优秀传统文化。

"在家云游博物馆"直播讲述非洲动物大迁徙

---

① 汪曦曦:《数字化博物馆的数据库运用及发展——以山东博物馆文物数据库为例》,《青年记者》2012年第32期。

讲解镇馆之宝

在"我在鲁博讲文物"系列直播活动，由馆内领导、专家、策展人、金牌讲解员组成"最强天团"，选择《隽永的石上史诗》《走下圣坛的孔夫子》《明代王爷的日常生活》等主题，以全新角度讲解文物背后的故事，使大众"近距离"地欣赏了孔子见老子画像石、明衍圣公朝服、天风海涛琴等文物。在直播讲解中，根据直播社交媒体用户多数为年轻人的数据，选定直播目标受众是青年人，直播讲解时要兼顾文物内容专业准确性以及直播语境的生动有趣性，通过直播取得了较好的宣传效果，达到了为官方直播账号引流涨粉的效果。

贺春节、看热展，山东博物馆联动抖音平台开展"温暖相伴 陪你过年——国风文化展"直播活动，讲解传统文化的精神内涵，演示展馆中的互动设施，力图为观众呈现一场新春文化的饕餮盛宴。讲解员积极筹备抖音直播工作，与专家团队一起围绕"山静日长——明代文人风雅录"

"云博物馆"直播官方宣传海报

"衣冠大成——明代服饰文化展""虫·逢——世界珍稀昆虫标本展"三个展览,开展特色直播,为观众呈现一场场新春文化的饕餮盛宴。

"衣冠大成——明代服饰文化展"直播现场

"虫·逢——世界珍稀昆虫标本展"直播间截图

（三）紧跟热点，宣传出圈

牛年春节，我馆与新华网合作，在"新华网假期云游博物馆"系列直播活动中，就"藏在山东博物馆里的'牛'宝贝"和"衣冠大成——明代服饰文化展"两个主题进行了精彩的主题讲解。"'牛'宝贝"的视频实时观看量达24.4万，"衣冠大成"视频观看量达30.3万人次。

在齐鲁频道抖音平台开展的衣冠国潮东方——首届山东华服日主场活动，进行"衣冠大成——明代服饰文化展"文物讲解直播。

在菏泽汉墓出土萌兽文物后，全网引发讨论。我馆紧跟热点，与中新社合作推出，由中新社策划、讲解员讲述主题为"山东'萌兽'文物集体出圈千岁'小钺钺'再关注"的讲解直播。讲述我馆镇馆之宝之一亚醜钺的故事，视频在中新社全平台宣发，很好的传播我馆文物藏品。

中新社拍摄亚丑钺文物讲解宣传视频

（四）抖音平台，讲出精彩

跨媒介传播打破了博物馆的场地和时间受限，受众借助虚拟网络可以随时了解博物馆知识，并获得全景式、沉浸式、交互式的博物馆体验。① 为了传播优秀传统文化，让观众感受传统文化的魅力，讲解员积极参与拍摄"山东博物馆"抖音账号"抖音热点短视频拍摄"一系列短视频。抖音视频通过对不同文物的拍摄画面，加以讲解员亲切活泼、富有趣味性的讲解方式，生动诠释文物故事，深获抖友喜爱。现已播放了11条讲解员视频，点赞量分别达到了482、377、306、204、114次等。专业诙谐的讲解，为"山东博物馆"官方抖音号带来了一波关注。

在抖音平台讲解短视频

（五）讲英雄故事，燃爱国情怀

博物馆作为一种大众媒介，是意识形态国家机器展示政治意图、传播政治信息的文化教育机构，是维系和支撑权力运作的空间载体。② 为庆祝中国共产党成立100周

---

① 李竞：《博物馆的跨媒介传播研究——以三星堆博物馆为例》，《出版广角》2022年第2期。
② 刘燕：《博物馆的政治传播功能释读》，《东南文化》2018年第1期。

年,由国家文物局、中央广播电视总台、中央网信办联合主办"庆祝中国共产党成立100周年全国革命文物百佳讲述人"活动,我馆选送的《"崮"守——岱崮连战士使用的茶缸》作品突破重围,主讲人成功入选"百佳讲述人"名单。

获"百佳讲述人"荣誉

在中国电视艺术交流协会、中国文物报社主办的"中国文化遗产云传播精品征集推介活动",作品《"红"服》获得"全国文化遗产云讲解十佳项目"。

"红"服作品海报

在由国家文物局指导、中国博物馆协会主办的"庆祝中国共产党成立100周年全国博物馆讲解大赛"中,《永远的二十二岁——英雄母亲陈若克》作品进入半决赛。作品采用了讲解新形式,讲述了陈若克的动人故事、英雄事迹,展现了抗战精神、爱国情怀,产生了一定的社会影响力,对我馆起到了较好的宣传效果。

参与由山东省文化和旅游厅主办的"百名红色讲解员讲百年党史"宣讲活动,共17场。同时与学校合作,开展"百人百讲庆百年 党史故事讲述团"宣讲活动和"游红色文化乡村,讲革命文物故事"主题班会。通过这些丰富多彩的活动,全方位、多角度展现百年来齐鲁儿女在党领导下的奋斗、奉献,为庆祝建党百年营造浓厚氛围。累计开展宣讲活动20余场,线下听众4000余人,线上听众600万人。大力弘扬伟大建党精神,传承红色基因,赓续红色血脉。

我馆讲解员参与由山东省文化和旅游厅主办的第二届"文物故事·薪火云传"山东省博物馆直播联动活动,推出"瓷韵——馆藏明清官窑瓷器展"音频讲解直播。直播在学习通APP、文旅山东、好客山东等15个推广平台进行发布。

(六)志愿讲解,服务暖心

志愿服务与博物馆公共性的基本内涵公有性、开放性和公益性有着天然的共性,二者可紧密结合,相互促进,服务社会。① 志愿服务是博物馆宣教工作的重要组成部分,也是山东博物馆打开全国知名度的敲门砖,展厅中那专属志愿者的"一抹红"让展览中充满暖心的氛围。正是因为山东博物馆有一个乐于奉献、善于分享的志愿者团队,获得十佳志愿团队,十佳志愿者,优秀工作者……一系列和志愿服务相关的奖项,山东博物馆全都收入囊中。从青少年到中老年,志愿者们在这个岗位上默默地付出着。他们需要经过严格的笔试、面试环节,并经过志愿服务礼仪姿态、政策法规、服务内容等培训,考核合格后方可上岗。志愿服务不仅体现在展览导览中,还可以协助博物馆各个岗位的不同角色。近年来,他们相继获得全国及省内的优秀讲解案例奖、全国革命文物百佳讲述人、优秀讲解员等奖项。2020年11月,志愿者团队被中国博协授予"牵手历史——第十一届中国博物馆优秀志愿团队"。

---

① 孙丽霞:《志愿服务与博物馆公共性的发展》,《四川文物》2011年第5期。

山东博物馆志愿者团队

志愿者展厅讲解

第三章 基于藏品的推介——以山东博物馆为例

山东博物馆志愿者进校园

山东博物馆志愿者进军营

山东博物馆志愿者进社区

"小莲蓬"是山东博物馆依托自身资源和志愿者工作经验,面向 10 – 18 岁的未成年人推出的一项志愿服务项目,主要内容为社会实践和志愿服务。自 2010 年项目实施以来,"小莲蓬"们进军营、进社区、进学校,作为文物的代言人,为馆内外的观众讲述文物背后的故事,更在山东省讲解员大赛中展示了自己的风采,相继获得山东省青年志愿服务金奖和全国青年志愿服务银奖。授人玫瑰、手有余香,讲述历史、眼中有光。

四、基于博媒融合的藏品推介

进入新时代,文化的弘扬推广越来越离不开与媒体的合作交流,如何将深厚的传统文化内涵借助媒体的力量远播成为了山东博物馆人的新目标。作为与媒体对接的前沿,山东博物馆宣教部十余年来与百余家媒体建立了广泛而深入的合作,涵盖平面、电视、广播等传统媒体,兼具云导览、互动直播、5G 传播等新媒体领域,媒体宣传理论与实践,建立起了一套成熟高效的媒体宣传理论,积累了大量实践成果。

媒体融合意味着博物馆信息传播推广的即时化便捷化，博物馆面临的形势也会瞬息万变。① 2019年度在全国博媒融合的大形势下，山东博物馆宣教部积极探索，通过多方位、跨空间、全角度的传播方式，与传统媒体、新媒体深度合作，为观众提供多种途径观展、获取知识的新平台，提升了山东博物馆的知名度和美誉度。新冠疫情爆发以来，疫情常态化大环境更是加速了博物馆媒体宣传工作的进一步转型，山东博物馆因时制宜，采取了"应用新技术、扩展新渠道、探索新趋势"的手段，"建立起博物馆+网络直播、博物馆+新媒体矩阵、博物馆+VR展览、博物馆+文博慕课、博物馆+人流管控等'一馆五加'的互联网服务新模式，为向公众传播正能量提供了有力渠道保障，着力打造有利于互联网传播的文化产品"②。

在与传统媒体的宣传合作中，山东博物馆主要聚焦于平面媒体、广播媒体和电视媒体三大类。此外，新媒体的实践与发展也为山东博物馆的宣传事业注入了新的活力。随着社会建构主义理论被应用于博物馆领域，博物馆与参观者的交流方式发生改变。社交媒体用户生产内容的模式进一步强化参观者与博物馆交流的主动性，多元参观者的表达与信息获取向博物馆的文化权威地位发起挑战，这进一步引发了相关机构、研究者对博物馆文化权威地位的辩论。新媒体基于信任和无限制、平等参与的概念，这与博物馆传统的权威、交流参与概念相反，因此博物馆在使用社交媒体的过程中会遇到重大问题，即博物馆作为文化权威机构代表，其专业性和可信度的声誉十分重要，在此情况下，博物馆可在多大程度上放弃对其内容的控制权。

（一）平面媒体

互联网技术的快速发展，平面媒体曾经享有的话语权逐渐被消解，直接表现为普通人享有参与新闻报道、全程监督和发表个人见解的权利。③ 进入互联网时代，平面媒体的信息主导地位虽有所下降，但其宣传主流地位仍无可替代，仍拥有广泛而固定的受众。另一方面，许多主流平面媒体也在寻求自身突破创新，在互联网平台延续品牌价值。鉴于此，山东博物馆在立意与主题方面都进行着不懈的创新工作，一方面与省

---

① 王春法：《关于新时代博物馆事业发展的若干思考》，《中国国家博物馆馆刊》2018年第5期。
② 卢民：《后疫情时代博物馆的文化传播——以山东博物馆为例》，《中国文物报》2011年11月23日第006版，第2页。
③ 朱建霞：《新媒体视域下新闻漫画的功能与定位》，《传媒》2017年第6期。

内知名媒体保持长期合作关系，以定期供稿、开幕式报道的方式立足传统媒体宣传市场，立足传统文化的同时捕捉新时代社会风向，同时与平面媒体衍生出的新媒体紧密合作，将纸媒平台的影响力继承发扬。

近年来，针对重要展览的前中后期宣传工作部署，山东博物馆宣教部整合平面媒体资源在主流平台进行全方位覆盖宣传。

山东博物馆主流平面媒体展开了广泛而深入的合作交流，以展览本身为主干线，对展览举办的前期筹备、开展情况、受欢迎程度及后续意义进行统筹、深度和系列采访。在保证开展前、开展、展览中和闭幕刊发消息的同时，在闭展后继续刊发展览综述延伸报道，以2016年具体执行为例："传奇妇好展"：开展前进行预热报道，对展览内容及布展情况，刊发3篇以上稿件。展览开幕后，在报纸要闻版刊发文字、图片报道两篇以上。展览闭幕后，以专题组稿形式，对展览的受众群、特色和社会反响进行深度解读，系列稿件3篇；"永恒之城——古罗马的辉煌"：开展前进行预热报道，对展览特点及重点文物，刊发4篇稿件。展览开幕后，在报纸要闻版刊发文字、图片报道3篇。展览闭幕后，以专题组稿形式，对展览的受众群、特色和社会反响进行深度解读，系列稿件5篇；"山东地区两汉文明展"：开展前进行预热报道，对展览内容及布展情况，刊发4篇稿件。展览开幕后，在报纸要闻版刊发文字、图片报道3篇以上。展览闭幕后，以专题组稿形式，对展览的受众群、特色和社会反响进行深度解读，系列稿件5篇；"耀州窑瓷器展"：开展前进行预热报道，对展览特点及重点文物，刊发两篇以上稿件。展览开幕后，在报纸要闻版刊发文字、图片报道2篇以上。展览闭幕后，以专题组稿形式，对展览的受众群、特色和社会反响进行深度解读等。

展览本身是文化惠民的主体，可以让民众在家门口感悟文物的魅力，感受文化发展繁荣带来的成果。主流平面媒体对山东博物馆的系列展览综述报道摒弃"时间、地点、事件"的常规化模式，采取新颖的角度，注重展览的社会反响，注重对展览的学术解读，注重展览举办对区域文化建设的重要意义。如"山东地区两汉文明展"，展览选取了两汉时期山东地区的最新考古发现，与"永恒之城——古罗马的辉煌"展进行对比。报道从中解读几个关键词："丝绸之路""文化交流""互动情谊"等。针对几个关键词，媒体要采访相关专家，指出展览举办的意义，对经济社会发展的积极贡献。同时，每项展览的举办都是一个新闻点。结合新闻点，采取"合纵连横"的报道模式，对山东博物馆的运营管理、惠民效应、科研成果、人才培养等进行系统挖掘、梳理和深度报道。

作为文物大省的文化地标性建筑,山东博物馆已成为外界了解齐鲁文化的窗口,意义不言而喻。2016年度与主流平面媒体的合作充分发挥媒体的专业优势和权威优势,尽全力宣传、报道好山东博物馆让文物"活"起来的典型经验,以引起广泛的社会影响和共鸣。

习近平总书记历来高度重视文博事业发展。2014年2月,他在北京市考察工作时强调,搞历史博物展览,为的是见证历史、以史鉴今、启迪后人。要在展览的同时高度重视修史修志,让文物说话、把历史智慧告诉人们,激发我们的民族自豪感和自信心,坚定全体人民振兴中华、实现中国梦的信心和决心。在媒体宣传领域,平面媒体的话语权地位不容忽视。

2020年"衣冠大成——明代服饰文化展"隆重开幕,开展以来共有全国30余家平面媒体针对展览进行报道,涵盖不同年龄段受众,带来了强有力的正面舆论影响力。

(二)广播媒体

新时代的中国博物馆,要主动融入经济社会发展大局,充分发挥博物馆在文化传承中的"中枢"作用,推动中华优秀传统文化创造性转化和创新性发展。山东博物馆作为省内一流文博单位,与山东本土广播媒体建立着广泛而深入的合作关系,联合打造了"直通博物馆""小莲蓬志愿者""国宝小主播"等知名品牌,为广大观众提供了一个触摸历史、感受文化的公众服务平台,使博物馆成为了齐鲁文化重要的传播中心之一。山东博物馆在工作中大力推进"博物馆历史文化进校园"等系列宣传教育活动,大力推进与广播媒体的合作创新,加大博物馆文化宣传力度,使更大范围的普通社区群众了解、熟悉博物馆,使人们在感受山东悠久历史文化魅力的同时,在潜移默化中增强对文化遗产的保护意识。

声音是广播传播的介质,也是广播的特色与优势。2019年"国际博物馆日"山东博物馆联合山东广播电视台打造了全国首家省级博物馆固定直播间——"直通博物馆"直播间,这是国内第一家落户博物馆的地标性广播融媒体直播间。直播间坐落于山东博物馆一楼大厅,内部集成最新的全功能直播设备,可实现广播直播、录播、新媒体网络视频直播等功能。通过直播展览、直播听众互动、名家走进直播间等系列活动的形式,融合传统与未来,让更多的新时代的元素走进博物馆,实现"可听、可看、可读、可感、可交互"的新广播，为公众打造了中华优秀传统文化的传播平台。

融合媒体从无到有，从有到优。直播间为群众解决了文物与历史方面的疑惑，激发了群众对传统文化的学习兴趣，成为了观众参观游览和互动体验的新热点，让群众在休闲娱乐的同时感受到博物馆的传播意义。直播间的设立让博物馆不再局限于固定的场所，而是在传统广播传播基础上，充分利用山东博物馆资源，与线上节目进行联动，融合传媒，扩大影响。

2020年，受新冠疫情的影响，公众参观博物馆受到了局限。山东博物馆积极探索博物馆观展新渠道，搭建新媒体文化传播平台。为了给观众提供更加便捷的机会了解博物馆，山东博物馆联合山东体育休闲广播，针对2020年山东博物馆新增展览开展了十余场相关宣传活动。除了节目中的现场直播与音频呈现，还通过山东体育休闲广播微信公众号同步推送图文，与广播的音、视频相得益彰。广播与互联网两个"线上"多方位的有效引导，将博物馆带到了大家身边，让公众可以随时、随地地学习知识、了解传统文化、获取山东博物馆的最新动态。

2020年山东博物馆《好听看得见》节目直播

（三）电视媒体

作为孔孟之乡，山东拥有全国名列前茅的优秀文化旅游资源，2007年，山东省推出"好客山东"旅游品牌，极大促进了山东的旅游市场。"好客山东"的文化旅游特性鲜明，激活了山东的文化旅游产业，为山东文化旅游发展奠定了良好的基础。博物馆是文化和旅游相融合的最佳标本，作为文化和旅游产业相融合的产物，博物馆参观游览兼具艺术观赏、历史溯源、科学研究、教育推广等方面的价值与功能，成为公共文化服务和旅游发展的前沿阵地。山东博物馆是齐鲁文化新地标和公众的文化、休闲、娱乐中心，目前正在努力打造成东部文化旅游综合中心。文旅融合离不开各大媒体的广泛宣传，其中电视媒体就发挥着十分重要的作用。

2011年山东博物馆新馆成立以来，山东电视台、齐鲁电视台、济南电视台等多家电视媒体长期建立合作关系，在传统新闻报道的基础上进行互联网时代新探索，打造出在线直播、平台互动、专题报道等全新合作方式。

2014年"欧洲经典美术大展"在山东博物馆隆重举行，此次展览以"十艺节"为契机，包括达·芬奇等名家在内的350余件欧洲经典美术作品首次来到山东，广大观众对展出作品期盼已久，山东博物馆以"探秘"作为展览前期宣传的主题联合山东本土电视台进行全方位宣传报道，取得了空前效果。2014年9月29日至10月8日，山东博物馆联合齐鲁电视台拉呱栏目探秘"欧洲经典美术大展"，从展品到达开始，记录展品入驻山东博物馆、开箱验收，到布展上架的全过程，向观众全面展示欧洲经典美术作品来到山东博物馆的运输管理、安保措施、保管保护和陈列布展等工作。展览布展完毕，对公众开放之前，提前走进展览，与布展人员一起，向观众揭示整个展览的亮点，解读展品背后所蕴藏的玄机和故事。10月9日开幕式现场邀请山东电视台、齐鲁电视台、济南电视台等多家电视媒体对开幕式现场进行报道。一些电视媒体对整个开幕式现场进行直播，纸质、电视和广播媒体将在当天发布开幕式详情新闻。10月9日至10月20日与广播电视媒体联合举办"高山流水 最美齐鲁"青少年绘画作品征集大赛活动，10月12日举办《走近百年巨匠——国际艺术大师作品研讨会》，全方位线上线下立体宣传，取得了广泛的宣传效果。

作为中央广播电视总台创新打造的重要精品项目之一，《国家宝藏》以前所未有的"纪录式综艺"节目模式，创造性地践行了"让文物活起来"的指示精神，获得了社

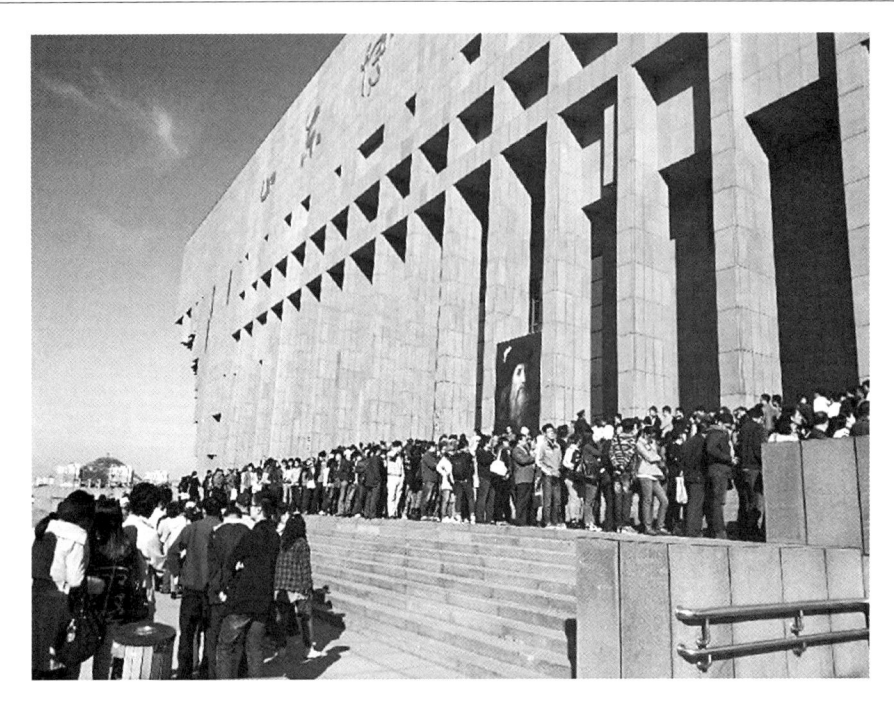

2014年山东博物馆"欧洲经典美术大展"现场

会各界及海内外的热烈反响。

  2018年10月9日，CCTV《国家宝藏》第二季正式启动，山东博物馆成为参加节目的九大博物馆之一。自从那时起，山东博物馆的21万余件文物就受到了观众朋友们无数次的点名！银雀山汉简、九旒冕、亚醜钺、红陶兽形壶、鲁国大玉璧……这些齐鲁瑰宝们究竟哪三件能登上央视的舞台，也成为观众朋友们讨论最激烈的话题。山东博物馆希望与《国家宝藏》节目联手讲述齐鲁大地上精美历史文物的灿烂生命历程，展示中华文明生生不息的历史积淀和思想传承。

CCTV《国家宝藏》第二季山东博物馆宣传海报

《国家宝藏》第二季中，各位明星大咖作为山东博物馆的三位国宝守护人携三件齐鲁瑰宝如约亮相央视，通过精彩的演绎，为我们讲述了银雀山《孙子兵法》《孙膑兵法》汉简、战国铜餐具、明衍圣公朝服这三件国宝的前世故事，展现了齐鲁大地绚烂多彩的历史文化。

品牌强国工程是中央电视台针对国内文化重点对象推出的特色活动。2020年"衣冠大成——明代服饰文化展"，成为山东文旅活动亮点，在中央电视台一套、二套、四套对展览进行全方位宣传报道。

山东博物馆"衣冠大成——明代服饰文化展"在央视播出

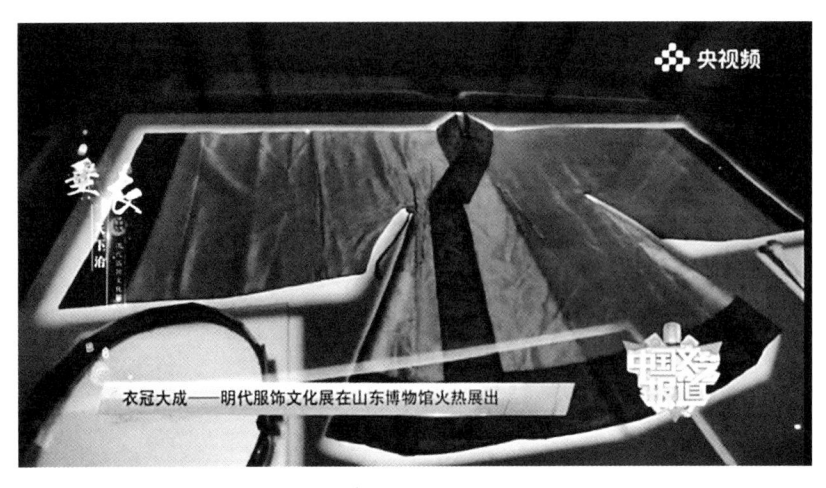

山东博物馆"衣冠大成——明代服饰文化展"在央视播出

2020年山东博物馆与大型融媒体文博体验系列节目《赢在博物馆》合作,以文物《孙子兵法》《孙膑兵法》竹简为依托,以"少年强,通古今"为主旨,中央电视台少儿频道在山东博物馆组织拍摄青少年学习竹简相关知识的节目,引导和记录孩子们将学习和体验相融合,在山东博物馆展厅和教学区域,在体验中学习,在学习中感悟地探究过程。

2020年《赢在博物馆》拍摄现场

（四）新媒体

1. 微信公众号

新媒体艺术方兴未艾，经过一定时间的发展已经形成了自己独特的展示语言。新媒体艺术在博物馆空间中的应用，是对博物馆展示方式的拓展。[①] 微信公众号是互联网时代必不可少的自媒体宣传媒介，"品味山东博物馆"订阅号是山东博物馆宣教部代表宣传工作重点，创立以来取得了巨大的影响力，成为了很多普通观众了解山东博物馆的首选途径。以 2017 年为例，"品味山东博物馆"微信订阅号以"彰显齐鲁文明，促进文化交流"为主线，围绕 2017 年所涵盖的重要展览和重点活动，开展宣传工作。积极寻求新媒体宣传的新模式和新方法，多角度用好微信公共平台的推广功能，探索山东博物馆媒体宣传新的途径。

重点展览宣传：

"御窑·皇家——明代官窑瓷器展"在 2017 年 5 月 18 日正式开展，此次展览推广分为前期预热宣传、开幕式报道以及后期文物解读三部分开展。共发布微信 12 条目，平均阅读量 1029 人次。

6 月 1 日，"乡愁——日本近代浮世绘名品展"在山东博物馆开展，共发布微信 4

[①] 朱轶灵：《新媒体艺术的多种视觉感官设计——试论其在中国当代博物馆中的应用》，《南京艺术学院学报（美术与设计）》2016 年第 1 期。

条目,平均阅读量729人次。

"御窑·皇家——明代官窑瓷器展"
今日正式开展!
2017-05-18 品味山东博物馆

2017年"御窑·皇家——明代官窑瓷器展"
展览预告

"乡愁——日本近代浮世绘名品展"今日开展!
2017-06-01 品味山东博物馆

2017年"乡愁——日本近代浮世绘名品展"
展览预告

6月28日,"太阳的传说——三星堆、金沙遗址出土文物菁华展"在3号展厅开幕,微信平台针对前期探秘、展览开展和后期解读等方面,共发布微信14条目,平均阅读量914人次。

7月24日,"山东省庆祝中国人民解放军建军90周年主题展"在山东博物馆开展,微信平台共发布微信5条目,平均阅读量674人次。

2017年第一季度鸡年春节期间,以"山东博物馆里过大年"为主题,展开了一系列鸡年春节主题宣传活动,从小年开始,一直到元宵节期间,微信平台在报道活动的同时也宣传了传统年俗文化,总共发布微信27条,平均阅读量759人次。

2017年第二季度围绕"环球自然日——青少年自然科学知识挑战赛"为主,展开了一系列关于环球自然日的宣传活动,从山东初赛报名开始,一直到山东赛区决赛结束,微信平台进行了全程跟踪报道,共发布微信10条,平均阅读量725人次。

2017年"太阳的传说——三星堆、金沙遗址出土文物菁华展"展览预告

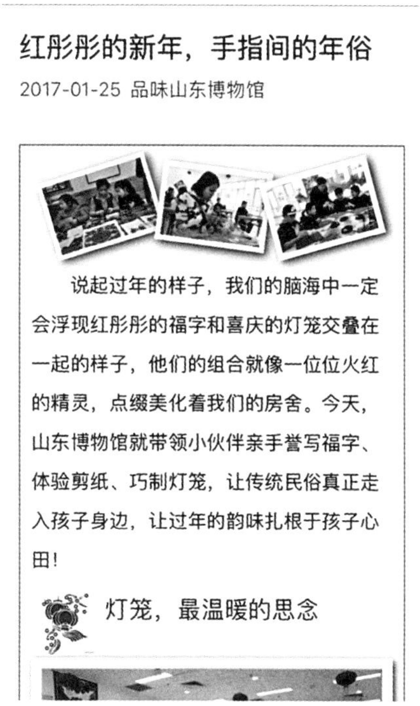

2017年春节系列活动宣传报道

2017年"环球自然日——青少年自然科学知识挑战赛"宣传报道

广智园是山东博物馆依托"万世师表展"和"山东历史文化展",将其中能体现儒家文化价值观的展品为载体,面向青少年观众开展融启蒙体验和参与感悟为一体的国学教育活动品牌。在2017年全年,"品味山东博物馆"微信公众平台针对活动预告、活动现场报道等内容共发布102图文消息条,平均阅读量473人次。

历史教室是山东博物馆依托历史类常设展览、"考古山东展"和原创性的临时展览而培育的全面诠释展览的历史文化内涵、古代艺术特征的社会教育品牌。2017年全年,"品味山东博物馆"微信公众平台针对活动预告、活动现场报道等内容共发布97图文消息条,平均阅读量431人次。

2017年广智园宣传报道　　　　2017年历史教室宣传报道

自然教室是山东博物馆基于"非洲野生动物大迁徙展"和馆藏自然标本基础上,面向亲子家庭和青少年群体开辟的融生态文化理念和对外文化交流于一体的科普教育基地。2017年全年,"品味山东博物馆"微信公众平台针对活动预告、活动现场报道等内容共发布92图文消息条,平均阅读量423人次。

2017年，"品味山东博物馆"微信公共平台继续围绕山东博物馆的展览和社会教育活动有条不紊地开展，创新栏目板块，提升稿件质量，建立高效的运行体制模式，更好的为山东博物馆展览活动进行宣传。全年共发送微信393条，内容涉及：展览展讯、展览深度解读、宣教活动的预告和在线报名、活动详情展示、志愿者工作展示、学术讲座的预告和报名以及讲座解读等，受到了广大观众的关注和喜爱。在现有的展览及活动条件下，微信关注受众继续呈现稳定增加的态势。

对比上年度微信的相关数据，进入2017年以来，微信公众平台各项数据继续呈现上升趋势，在先前所拥有的关注人群基础之上，"品味山东博物馆"越来越受到广大观众的认可与喜爱，以下是相关数据的分析：

2017年自然教室宣传报道

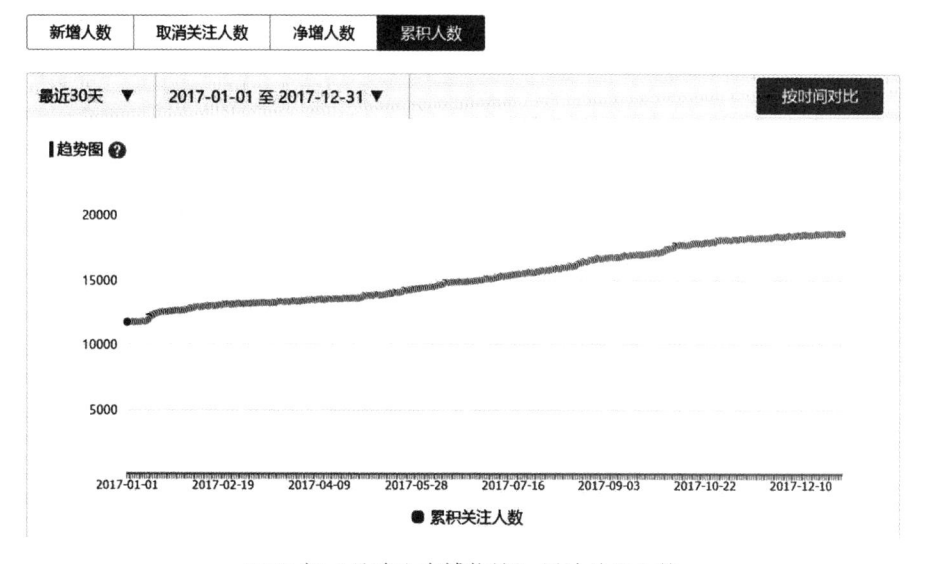

2017年"品味山东博物馆"累计关注人数

截止至 2017 年 12 月 31 日，"品味山东博物馆"微信公众平台的关注人数达到了 18665 人，相比于 2016 年净增长 7050 人。

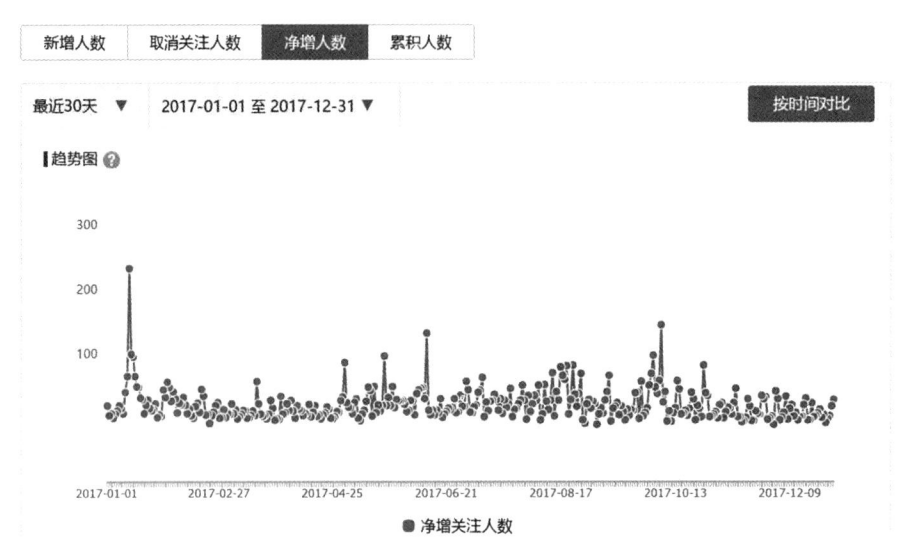

2017 年"品味山东博物馆"净增关注人数

图为 2017 年观众增长人数趋势图，从图中可以看出，2017 年在重要的节庆如春节、五一和国庆黄金周，以及寒暑假期间，"品味山东博物馆"微信公众平台关注人数呈现集中明显增长。所发送的微信内容根据其阅读量，2017 年排名前 3 位的微信内容为："重磅大展：'书于竹帛——中国简帛文化展'9 月 26 日开展！"，阅读量为 1888 人次。"【讲座·预告】听王方女士为您讲述《金玉同辉——古蜀金沙王国秘宝》"，阅读量为 1358 人次。通过图文信息分析得出，"品味山东博物馆"微信公众号所发内容受到了观众朋友越来越多的关注，信息内容对于观众的认可程度大大增加。

2. "云"教育

教育模式推广实践再度创新。山东博物馆以博物馆教育属性为先导，有机融合线上、线下教育方式，通过"云"渠道，用方寸屏幕链接青少年受众，输出更多文物解读、展览导赏、文物展示等教育 IP，根据不同年龄阶段学生的认知学习重点，利用 Pad 预设话题导入、创建活动任务，激发青少年探索兴趣和思考能力，广泛动员博物馆社会教育人员参与，推动教育模式新应用，引领指挥课程，将新技术、融媒体与博物馆知识产生充分结合。

2021 年山东博物馆线上教育课程体验

3. 线上直播

每年的"5·18 国际博物馆日"作为文博人的盛典都会受到空前关注,山东博物馆宣教部在新时代打开思路。2019 年 5 月 18 日是第 43 个"国际博物馆日",也恰逢山东博物馆建馆 110 周年。围绕"传统的未来"的主题,山东博物馆在 2019 年 5 月 17 日晚举办首届"博物馆奇妙夜"主题活动,诚邀新时代的奋斗者们一起回顾传统,遇见未来。这也是百年鲁博的首次夜间开放。5 月 17 日晚 19 点整,经过前期社会报名,层层筛选,最终选拔出的 40 位来自各行业,不同性别、年龄和国籍的社会精英汇集在山东博物馆入口处,他们就是当晚的齐鲁瑰宝守护人,夜幕降临的山东博物馆神秘之门缓缓开启,山东博物馆奇妙夜活动拉开序幕。

对于无法前来现场的观众,山东博物馆联合山东广播电台在山东博物馆开设"直通博物馆"直播间,让大家可以同步收听到现场的精彩活动,以确保更多观众享受到这场博物馆文化大餐。同时,为了更好地与场外听众互动,山东博物馆准备了"我说,你猜文物名称猜猜看"线上答题活动,加深了观众对博物馆的认识。活动期间,齐鲁瑰宝守护人通过微信朋友圈两次发出"今夜我为齐鲁瑰宝守护,请大家点赞助力"的信息，极大地宣传了"山东博物馆奇妙夜"活动。

"博物馆奇妙夜"的媒体合作收获了很高的关注度：中国山东网直播观看量达 2.4 万人次、山东电视台闪电新闻直播点击观看量达 38.5 万人次、抖音短片播放量达 42.1 万人次、新浪视频直播点击观看量达 2.4 万人次。与山东电视台合作的 12 条宣传短片制作。其中，木乃伊快闪、鼎视角看夜间山东博物馆、木乃伊游泉城三个视频播放量均在 3000 万以上，总播放量过亿。短视频的制作实现了创意与文化的融合，以轻松娱乐的方式，使传统文化的传播更加贴近生活，激发了公众的探索兴趣，也收获了大量的关注度。

2019 年山东博物馆"博物馆奇妙夜"宣传短片

疫情期间，山东博物馆创新博物馆传播方式，联合省内 10 家文博单位，发起"文物山东·岱海同天"山东省博物馆"5·18 国际博物馆日"直播联播活动，用时下观众接受程度较高的直播云游博物馆方式，为全网用户奉献一场山东文化旅游的饕餮大餐，让观众足不出户，云游省内博物馆。5·18 国际博物馆日主场活动，特别邀请了山东电视台、济南电视台、山东新闻广播等 30 家媒体进行了活动宣传，中国山东网的直播，点击观看量 16000 多人，山东电视台闪电新闻直播，点击观看量 12.5 万，新浪、头条等多家平台进行了直播转载。5·18 国际博物馆日，山东卫视山东新闻联播、山东齐鲁频道每日新闻、山东公共频道民生直通车等电视台发表报道 5 篇，济南时报、济南日报等报纸发稿 10 篇，鲁网、大众网等网站、新媒体发稿 20 余篇，转发 100 次以上。

2019 年山东博物馆"博物馆奇妙夜"宣传短片

2020 年"国际博物馆日"山东省主场活动宣传海报

博物馆揭开神秘的面纱，让承载着传统的博物馆以时尚、创新的姿态迎接开放的未来。也期待着更多热爱传统文化的社会公众走进博物馆，一起探索人类文明美好的未来！

2020 年"国际博物馆日"山东博物馆直播联动宣传海报

第四章　博物馆藏品推介的发展前景

第一节　立足藏品研究，服务观众需求

博物馆陈列展览就是要正确、恰当地处理"物"与"人"的关系。博物馆业务工作中的收藏和研究主要偏重于"窄播"，而陈列展览则注重将物的信息"广播"给大众。博物馆观众各异，因此当下博物馆的传播应该从"广播"再到"窄播"，即针对不同观众的特点进行分众传播。古代社会的"物"在时间、空间和意义上发生变化后被置于博物馆陈列展览中成为博物馆"展品"。以观众为中心的好的博物馆陈列展览首要目标就是要让观众看懂，需要重视通过陈列语言的运用"让物自己说话"[①]。

藏品指的是博物馆收藏的有关于历史、民俗、自然科学、艺术、技术等领域的各种资料，其中包括实物和非实物，是博物馆进行各项业务的基础。一个博物馆中藏品的数量和质量影响着博物馆的定级及其社会作用，也影响着博物馆的声誉。藏品不仅仅在于文物的物质实体，更意味着文物所蕴含的文化内涵，这些文化内涵需要通过研究进行挖掘，并通过传播向外推介。文物是历史遗留下来的在文化发展史上有价值的物品，它是人类宝贵的历史文化遗产，是博物馆文化的重要载体，同时也是博物馆业务人员研究的基石与灵魂。文物自身蕴含着无穷魅力，它述说着历史文化，承载着灿烂文明，具有历史价值、科学价值、艺术价值及收藏价值。它在博物馆陈列展览中发挥着举足轻重的作用，博物馆业务人员通过对文物的深入探索与不断研究，用陈列展

[①] 黄洋：《博物馆展览"窄播"与"广播"的双向转换——〈博物馆陈列展览设计十讲〉推介》，《东南文化》2019年第6期。

览中的多种艺术表现形式，对文物进行再创造，延伸内涵，挖掘深层的文化意义，为观众呈现出丰富多彩的视觉盛宴，让观众通过参观展览，近距离体验穿越古今的文物藏品带给我们的文化感染力，让文物在艺术家的精心创作中熠熠生辉。因此，在博物馆发展事业当中，对藏品的认知应当具有全面的综合视角，一方面针对藏品作为文物的物质实体进行科学的保护和修复，另一方面也需要对藏品所蕴含的精神价值有充分的认识与重视。

亚醜钺　山东博物馆藏

在我国博物馆界，对于"藏品"的认知存在着一个逐步发展的过程。在最初的很长一段时间内，博物馆业内默认为"藏品"指的就是文物与标本。譬如《中国博物馆学概论》中提到"我国地大物博，历史悠久，地上地下保存着大量反映各个时代制度、社会生产和社会生活的具有重要历史价值、科学价值和艺术价值的古代文物和革命文物，保存着显示生物进化、人类进化和自然资源的大量化石和标本。这些实物是博物馆业务活动的物质基础……所以博物馆是文物标本的主要收藏机构。""藏品是博物馆活动的业务基础……如果没有藏品、没有文物标本,便不能称之为博物馆。"又如《博物馆藏品保管》一书中提到"从博物馆成立的一天起,就有大量的文物、标本要收藏和保管。""征集文物应该从本馆的性质和原有藏品出发,不断充实本馆文物收藏。"进入20世纪90年代后,"藏品"的内涵逐渐被扩大。例如《中国大百科全书:文物·博物馆》卷中用"实物"一词作为描述博物馆藏品的属性,原文为"只有那种能够反映人类和人类环境的具有历史、科学、艺术价值的实物才能成为博物馆的藏品。"又如在王宏钧先生编写的《中国博物馆学基础》一书中,用"见证物"一词代替了"文物、标本"。因此,对一个博物馆来说,一件好的藏品也许并不是具有极高的市场价值,或是数量极为稀少,而是在于这件藏品背后究竟蕴含有多少文化信息,是否能够真正代表一定的文化和地域风貌,或是呈现特定时代的生活方式。对博物馆工作人员来说,也应当有这种观念上的转变,选取真正具有代表性的藏品进入博物馆收藏序列,并加以深入研究,使之组成特定的序列,进而在此基础上布置展览,向公众展出,充分发挥博物馆的价值和意义。

由此可以看出,博物馆界对于"藏品"概念的认知事实上是随着时间的推移而不断深化的。现如今,博物馆作为一个保存、展现、利用藏品的文化机构,其功能和服务目标更应当与时俱进,重视教育与展示的功能,对能够反映社会时代性质和特点的物品都予以藏品的待遇。

根据国内外文化遗产价值相关研究成果及博物馆功能,李姣将博物馆藏品价值分为了本体价值、情感价值和发展价值三大类[①]。其中本体价值指藏品的历史、艺术、科学、审美等价值,是藏品价值的本源和基础;情感价值则是指社会义化价值、宣传价值和教育价值等;而发展价值指的是藏品的经济价值和可持续利用价值。对于藏品本体价值的利用,主要体现在陈列展览、科学研究、文物复制仿制、藏品著书出版、藏品外借等领域;情感价值主要体现在社会教育活动的直观性利用、实践性利用、探索性利用和创造性利用,以及文博类电视节目和新媒体传播等方面上;发展价值则体现在数字化利用和文创产品开发等领域。《中国博物馆学概论》中也提到:"藏品是博物馆活动的业务基础……如果没有藏品、没有文物标本,便不能称之为博物馆。"由此可见,博物馆存在的意义不只是保护藏品,更是要利用藏品,为社会发展服务。博物馆

---

① 李姣:《我国博物馆藏品利用效率研究》,西北大学博士学位论文,第36页。

也不只是一个文物的收藏所，更是一个面向广大观众的公共文化服务机构。对藏品的研究"既要满足当今社会人们的自我认识，能够让人们认清自己从哪里来，从而增强民族认同感，增强自信心。也要让人们清楚自己目前所处的历史阶段，了解当前社会发展变革的趋势。它还需要满足未来社会发展的要求，我们依靠藏品来了解自己在社会发展进程中的位置"①。立足于对藏品本身的研究有利于挖掘藏品自身内涵、发挥藏品的文化功能，扩大藏品对观众的辐射面，加深藏品对观众的影响，这也应当是博物馆藏品推介的首要任务。

李姣在《我国博物馆藏品利用效率研究》一文中利用建立数学模型的方式估算出博物馆在藏品利用的过程中存在展出率低、文化内涵未充分挖掘、综合利用率低等问题。其中所体现的核心问题是藏品利用效率低，这与我国悠久的历史文化及丰富的藏品资源是不相匹配的，也无法满足公众的精神文化需求，严重影响博物馆的发展。而造成上述藏品利用效率低的内部原因则是藏品研究力度不够、展览场地面积和设备条件有限、展品密度不合理、藏品利用方式单一、利用观念狭隘、藏品同质化、专业人才缺乏等因素。外部原因则是法律法规尚待完善、利用资金不足、缺少馆际交流、外界参与性低所造成的。

在国际上，提高藏品利用效率，最直观的体现就是藏品的展出率。因此国外一些博物馆通过更换展品、举办特展等方式加速藏品周转率、更新率。例如大都会艺术博物馆等博物馆更换展品、举办特展等不是藏品的堆砌，它不仅在广度上扩展了藏品利用，而且陈展质量上乘。取得此番效果与西方的"策展人制度"有很大关系。

"策展人"英文为 Curator，来自拉丁语"curare"，始于 16 世纪，在西方小型的、私人的博物馆中率先出现。策展人的职责就是对馆内的藏品与陈列品进行保管和研究，对于有些需要对外进行募资的博物馆，策展人也对行政和财务等工作进行管理，其在职责方面与博物馆馆长并无二异。后来，随着人们文化意识的不断增强，政府对于公共博物馆的建设也逐渐给予重视，特别是在博物馆职能方面的转变，整个博物馆活动的组织与策划也由策展人负责。从 18 世纪开始，博物馆的规模逐渐扩大，在具体的分工方面也更为详细和具体，策展人主要是针对某个时期、某个地区的藏品专门进行研究与保管，并且参与组织策划方面的工作。而在博物馆的经营管理工作方面，策展人

---

① 刘璐：《关于博物馆藏品的再认识》，《大庆社会科学》总第 229 期第 6 期，2021 年 12 月，第 133 页。

却逐渐与之脱离。这期间的策展人已经开始由组织和机构专门负责，而这与现代的"机构策展人"更加接近。20世纪初，西方在艺术领域取得了巨大进步，至此也产生了很多"独立策展人"，他们基本上都拥有比较深厚的学术思想，艺术观念也相对更加超前，尤其是这部分策展人并不依附于任何的组织或者机构，完全是由个人承担全部策展人的职责和工作①。在当代语境下，策展人根据隶属性质的不同分为三种类型：隶属于博物馆中会相应的设置一个特殊职位的人，即"Curator"，即独立策展人；另外还有客座策展人或者兼职策展人。

2012年12月我国出台的《关于加强博物馆陈列展览工作的意见》中的第五条明确提出，博物馆要"不断完善基本陈列和展览，确保陈列展览与博物馆使命相一致。借鉴国内外先进经验，创新运行机制，探索实行策展人制度。发扬学术民主、艺术民主，适应社会文化生活的新特点和人民群众的新期待，强化陈列展览策划的观众导向原则，把知识性、趣味性和观赏性有机结合起来，增强陈列展览的表现力、吸引力、感染力。同时，要促进馆际交流与合作，支持省级博物馆特别是中央地方共建国家级博物馆发挥示范引领和辐射带动作用，整合区域藏品、展览、人才、技术、资金等资源，策划优秀展览项目巡回展出，弥补中小型博物馆展览资源的不足。"

除了策展人制度以外，文物登录制度也能较好地解决上述困境。文物登录制度在国外是比较常见的一项制度，尤其将其用于文化遗产的保护方面，国家能够对自身的文化资源形成更加客观的认识，并从中更加准确地获得相关藏品的信息，进而有针对性地实施管理。例如法国在1887年就已经开始制定了文物登记制度，出台了《历史古迹法》，后又于1913年对其进行了修订。2004年，出台实施了《地方行政机构自主与责任法》，其中对地方政府在文化遗产普查方面的职责予以明确。2007年，"国家文化遗产委员会"的建立确立了法国常态化以普查登记为运行模式的文物登录制度，其所遵循的宗旨就是要使大众对文化遗产有更深的认识和了解。而英国则在1944年《城乡规划法》提出登录制度，1990年在该法律的基础上出台了《规划（登录建筑和保护区）法》，其目的就是对各种建筑进行注册登录，涉及到一些古迹建筑的产权关系、改建、修缮、资助等情况，在古迹建筑的保护中并非沿用其他国家常用的"冻结式保

---

① 孙珂：《关于中国博物馆推行"策展人制度"的思考》[A]. 安来顺，《中国博物馆通讯》（2015年03月总第331期）[C]. 北京：中国博物馆协会，2015-03-10：27。

护",而是允许对古迹建筑做出一定幅度的修改。美国1966年《国家历史保护法》确立了国家历史场所登录制度,这是因为美国在公共事业的发展中发现了很多具有历史、建筑、考古乃至特定文化意义的历史性场所进行保护的需求。登录范围包括地段、史迹、建筑物、构筑物、物件五个类别,满足《国家登录评估条例》的各项要求的文物可以由财产所有者、保护组织、政府机关等提出申请,不需要地方政府同意,申请表格最终由国家公园局审查。在美国,财产所有者有权利拒绝登录。意大利在1975年成立了中央编目与登录中心,是领导全国文化遗产登录编目工作的中央机构,1997年颁布的Bas–sanini法,首次站在法律的层面对中央政府和大区政府共同负责遗产登陆编目予以明确,在主导权方面,中央适度放权,地方权重升级,以此形成两者更为高效的互动,通过这种权力下放,意大利建立了统一的具有长效机制的文物登录编目制度。日本文物登录制度特色非常鲜明,制度构成涉及两个方面,一是文化财产指定制度,二是文化财产登录制度。1897年,《古社寺保存法》第一次将文化财产指定制度提出来,无论是有形文化资产还是无形文化资产都可以纳入进来;而对于日本的文化财产登录制度,1996年《文化财保护法》予以明确,在解除程序方面也比较成熟,针对一些失去价值或其他事由需要解除的文化财产,可以进行解除并公布。澳大利亚1999年的《环境保护和生物多样性保护法》中具体对遗产场所登录制度予以明确,同时在标准、提名、管理、规划等诸多方面都进行了细化。如今,澳大利亚针对遗产的保护所采取的是三级政府负责制,该特征也能够从遗产登录制度方面反映出来,其遗产名录分为三个层级,一是国家遗产名录,二是联邦遗产名录,三是州遗产登记册和地方遗产名录。韩国文物登录制度起源于韩屋登录,率先是在2001年出现的,该年韩国出台了《北村营造基本规划》。次年,韩国又颁布了《首尔特别市韩屋支援条例》,后经修订为《首尔特别市韩屋保护及振兴的条例》,其中对韩屋的登录情况给出比较明确的定义,同时也使整个流程更加清晰地呈现出来,对于政府在此方面所形成的财政补贴政策也有相应的记录。韩国所实施的这种登录制度,始终都是"由上而下"所形成的垂直体系,其体现了政府支持与居民参与共同促进韩屋合理利用。①

单霁翔在《从"文物保护"走向"文化遗产保护"》中提到,针对我国的文化遗产,应相应地构建登录制度和调查制度,以便能够与世界接轨。根据这一制度,对于

---

① 李姣:《我国博物馆藏品利用效率研究》,西北大学博士学位论文,2021年6月。

博物馆中的大量文物都需要进行登记，并且注册在案，这样在管理与保护方面能够拥有相对更高的效率。① 对于博物馆藏品的保护以及管理，其所要实现的最终目标体现在推动社会发展和为大众服务上，文物登录制度有利于提高馆藏资源利用效率，使文物资源的流通效率更高，面向整个社会共享这些丰富的文化资源。

总而言之，要提文物的利用率，首先可以从藏品本体着手，以完善的策展人制度保证陈列展览的策划和实施，提高了藏品的周转率、更新率；而完善的文物登录制度给我国以启示，建立文物登录制度，为藏品资源的利用与共享奠定基础；重视科学研究机构的设置和科研队伍的建设，以及加强科研与博物馆业务工作的联系来提高科学研究水平，为提高博物馆藏品利用效率以及博物馆文化软实力和综合竞争力提供借鉴。其次，从场地方面着手，以开放博物馆内部空间——库房；以高密度陈列方式拓展博物馆展厅空间；以"藏品+"模式开发博物馆外部空间，如酒店、购物中心、地铁、机场、企业、社区等。延伸利用方面，从注重教育服务工作、利用众包平台进行藏品数字化工作、文创产品开发来借鉴国外博物馆如何延伸博物馆藏品利用的经验，解决藏品利用效率低的问题。最后，从国外博物馆多元化、多渠道经费来源和通过建设志愿者队伍缓解人员和人才压力，来借鉴国外博物馆提高博物馆藏品利用效率的有力保障——经费和人员。不过，在信息时代背景下，博物馆的发展也应该与时俱进，要充分运用互联网等现代化技术的手段，使博物馆的信息化水平得到进一步的提升。博物馆藏品利用的研究需要"智慧"理念的研究视角，以科学技术的革新促进博物馆的升级转型。

"让文物说话，把历史智慧告诉人们"是保护和传承当代文化遗产的要求，也是博物馆做好藏品研究工作的目标之一。要发挥藏品的本体价值，不仅要重视文物的历史功能，更要看重其在培养观众情感价值层面的作用。

2020年新冠疫情爆发时，武汉一网友从2月15日开始拍摄邻居家未关闭的窗帘并配上了音乐，伴随着疫情的一步步发展，网友的注意力从窗帘转移到久未归家的窗帘主人的安危上。一道普通的窗帘背后牵动着左邻右舍的关心和千万网友的关注，而长达数日的拍摄被网友戏称为"拍了一部关于红窗帘的连续剧"。5月17日，湖北省博物馆便将这条具有特殊意义的窗帘作为抗击新冠肺炎特展物件永久收藏。作为藏品，这

---

① 单霁翔：《从"文物保护"走向"文化遗产保护"》[M]．天津：天津大学出版社，2008：8．

条窗帘并不具有极高的历史价值和考古价值，但它的存在却是博物馆藏品情感价值的展现，是作为特殊时期纪念展示的具象化，可以引起观众的情感共鸣。

藏品研究中的情感价值还体现在观众对文化的认同感中。在央视播出的《国家宝藏》第二季中，山东博物馆就入围了银雀山《孙子兵法》《孙膑兵法》汉简、明衍圣公朝服、战国铜餐具三件国宝。通过对藏品文物的展示与演绎，《国家宝藏》构建了一个民族的集体记忆。国家统一、人与自然、匠人精神、亲友团圆……这些主题无一不根植于中华民族的文化血脉中，精巧的叙事构造不仅加强了受众的文化认同，也起到了凝聚民心和构造民族共同体的效果。

第二节　依靠交叉学科和科技手段丰富展览

当下，数字技术正不断地重塑着博物馆的形态，也重塑了观众的参观行为。这种利用视觉、听觉等复合材料建立"参加型"博物馆的观念，可以追溯到1968年美国科罗拉多大学物理学教授佛兰克发表的论文《科学博物馆的原理》，他指出，在媒介时代，科学博物馆应该为儿童提供一个可以参与、主动发现问题的环境，使儿童通过视觉、听觉、触觉等多感官的知觉体验来学习知识并了解和认识世界。[①] 从20世纪末开始，以计算机和网络技术为代表的信息技术与数字化媒体相结合，给博物馆的发展带来了新的机遇[②]。陈列展览是博物馆向观众传递藏品信息的一个重要途径。多学科的研究有利于重建展览的策展视角、阐释方法和故事脉络，使观众多角度、多层次地感受藏品所蕴含的价值。英国学者艾琳·胡珀-格林希尔认为：传统的考古解读方法的确可以让观众在展览中学习更多知识，无论是关于考古文物本身的价值，还是文物背后的环境、时代、人物、事件都值得学习，但博物馆教育的终极目的并不仅仅是知识的理解，而更需要让观众在行为发展、灵感创意、态度价值等方面得到启发。[③]

博物馆藏品推介的目的绝不仅是单方面地向观众灌输历史考古知识，更是给观众

---

① 陈玲. 新媒体艺术史纲［M］. 北京：清华大学出版社，2007；166；293。
② 陈刚：《数字博物馆概念、特征及其发展模式探析》，《中国博物馆》2007年第3期。
③ 〔英〕艾琳·胡珀-格林希尔著、蒋臻颖译：《博物馆与教育：目的、方法及成效》，上海科技教育出版社，2017年，第47页。

以多元化的体验。传统的博物馆展览以静态的实物展示为主要方式,但如何让观众在观展中构建特定的历史人文语境则是新时代策展人应当思考的问题。将展览叙事祛魅化、将展馆话语透明化,让观众产生共情而非被动接受信息灌输是讲好藏品故事的必由之路,而现代的展览设计与布展形式比传统的展览设计与布展形式主要新增了多媒体的展示方式和虚拟平台的传播方式,因此丰富的科学技术也是展览中重要的辅助手段。换言之,无论是传统展览设计与布展还是现代展览设计与布展,在展览设计与布展表现形式上都是以实物为基础的,传统的展览设计与布展形式有许多到今天仍然非常实用,是展览过程中不可或缺的内容。但是相对传统的展览设计与布展形式,现代的展览设计与布展形式内容更加丰富,能够拉近藏品与观众的距离。与此同时,现代的展览能够通过设计来传达主题,观众对博物馆的展览兴趣极大提高。在现代的展览设计中,观众能够与藏品产生交互,在交互过程中逐渐深化对藏品的了解。

山东博物馆"考工记"展览中多媒体技术的应用

当前我国博物馆总数已经达到 5000 余家,规模较大,但总体上展陈设计水平和质量不高,在国际上具有领先地位和影响力的博物馆数量不多,主要差距在于展陈设计理念和技术相对落后。李琦在《试分析博物馆展览设计中的陈列展示方式》中提及,从国内来看,全国博物馆的展陈方式和质量参差不齐,陈列展览内容策划整体水平不高,主要表现在展陈方式比较传统,内容创新性差;展陈理念相对保守;国内博物馆的专业人才队伍建设相对落后这三个方面。其中展陈方面的不足又主要体现在展陈方式比较保守和陈旧，缺乏具有创新性的展陈理念，习惯墨守成规，安于现状，满足于博物馆收藏和储存的基本功能，因而存在"千馆一面"的现象。而有的博物馆展品虽然丰富，但是展示手段单一，主要还是以图片为主。有的虽然辅以声、光、电等手段，但是运用现代信息化手段的展陈方式少，展陈技术落后，缺乏文物的表现力展示，与参观者的互动环节少，缺少共鸣。若想提升博物馆的展陈方式和设计效果，就要利用现代科学技术，使其在博物馆展陈中发挥应有的作用。包括虚拟现实技术和全息技术等手段来创设展陈场景。这是一种大势所趋，也是现代化博物馆的重要标志。对绝大多数参观者来说，参观文物不仅仅是为了欣赏文物藏品，更想了解文物藏品背后发生的故事和历史文化内涵，因此陈列设计人员需要注重通过展陈设计手法展现文物背后的故事，让静态的文物"活起来"，赋予他们新的生命。

展览设计包括主题选定与开发和设计。主题选定工作是整个陈列展览的第一步，要注意主题的合理性，并且观看馆藏藏品数量是否能够支持展览的进行。在主题选定的同时要注意信息的传达，就要求主题所带来的内容要具有一定的思想信息，所以在选择藏品时要注意提取藏品抽象信息。展品的呈现应从多学科研究角度出发，将设计与科学技术相结合，让科技服务于设计，设计服务于展品，以便带给观众更好的观展体验。上文已经提到，在当代，博物馆藏品的形式已经呈现出多元形态，博物馆的展陈也应当有针对性地做出调整。原来在展览中将藏品置于玻璃展柜中的方式，在今天已经不完全适应于博物馆藏品的多元形态，因此，当代博物馆从场馆建造到展览的整体设计，都要针对不同形态的藏品进行调整，做出适应于不同形态藏品的展陈方式，为观众提供良好的观展体验。

一、依靠交叉学科丰富展览内涵

博物馆是社会发展的产物，博物馆一经产生之后，就要按它自身的逻辑、规律不断地向前发展。因此，博物馆产生和发展到一定阶段之后，人们将越来越强烈地渴望揭示博物馆的本质关系和发展规律，并依靠这种认识主动去指导博物馆实践，有效地推动博物馆按照自己的逻辑、规律不断地向前发展[①]。举办一场博物馆展览绝不能只简

---

① 刘文求：《博物馆学几个基本问题的探讨》，《中国博物馆》1996年第4期。

单地依靠博物馆学。事实上，一场展览的构建与设计，离不开多学科的理论支持。例如博物馆与人类学就有着密不可分的关联。无论是博物馆展品和藏品的知识建构与传播，还是博物馆的发展，都要依赖人类学的研究和诠释，也都离不开人类学学科理念与研究成果的支撑。山东大学文化遗产研究院副教授尹凯认为，作为人类学的第一个机构性栖息之所，博物馆成为人类学器物收藏、展示的空间。博物馆空间内展示的人类学器物与标本以一种"非文本"的形态，呈现着人类学理论的发展与变迁。因此，依靠多学科架构一场展览不仅是丰富展览内涵的手段，也是策划展览的基本要求。

山东博物馆智慧博物馆

二、加强多媒体技术的应用

以互联网与手机应用为代表的新媒体技术的兴起，深刻地改变了人们信息交流沟通的方式，极大地拓展了人类生存的方式和空间，对经济、政治、文化、社会产生了全方位的影响①。多媒体技术是一种新兴的信息技术，它以其多样化的展示为特点使得博物馆的传统陈列产生了巨大变化。大屏幕、多屏幕组合的动态视频展示以及声音模拟、用背景音烘托氛围都是多媒体在博物馆展览设计与布展中的重要展示方式。例如利用多媒体音频展示、多媒体视频展示、巨幕投影与环幕投影、幻影成像、360度全息成像、虚拟翻书、电子沙盘、虚拟现实、增强现实等手段丰富信息表达方式，强化展览主题，加强观众的观展体验，提高趣味性与互动性，打造沉浸式博物馆展厅。但同时也要确保展出内容的科学性，明确"内容为主，技术为辅"的主从关系，将传播知识作为多媒体技术应用的出发点与落脚点，在满足现代观众文化需求的前提下不断进行更为有益的探索。现代传媒技术为博物馆新的展陈方式提供了可能。对很多文物来说，因为年代久远或是历史的毁坏，有很多都已经有了不同程度的破损，而现代科技，如VR技术AR技术等，都为呈现文物的原本状态提供了可能性。其中AR技术在对博物馆各个物品的材质、肌理和颜色进行模拟时便于将博物馆常用的材质肌理和颜色搭配以数据的方式保存在资源数据库中，从而使得设计师能够在已制作好的博物馆模型中快速选择各个元素所具备的材质肌理和色彩搭配，并将他们放置在博物馆展厅空间之中，观看他们实际的视觉效果，判断他们在整体展览中是否达到了渲染氛围的目的。同时能够比较设计师的设计方案，帮助设计师做出抉择。如几年前通过光影技术，对巴米昂大佛的重现，便是一个非常具有代表性的例证。除了AR技术以外，多媒体技术在实现的过程中还应注重参观者的互动与教育引导功能。展示设计是一项系统工程，涉及经济学、建筑学、哲学、社会学、心理学、艺术学等多个层面。通过参观让公众走进博物馆，学习历史文化知识，零距离地感知历史，提升参观体验。同时，博物馆属于全面向公众开放的公益性和非营利机构，可以满足群众的学习、研究和休闲需求，因此博物馆在陈列展览设计中要发挥教育和引导功能，要在潜移默化中实现对参观者价值观、世界观、人生观趋向的积极引导和影响。

　　山东博物馆在近些年来，也不断在此方面进行尝试，如通过观影技术对古代生产方式进行再现，通过多媒体技术展现古代服饰的真实面貌以及穿戴方式，通过影视呈现文物挖掘现场和背后隐含的文化内涵等等。这些在现代科技，特别是新媒体技术方面的尝试与跨界融合，为今后博物馆展览新生态提供了可能。

---

① 陈刚：《新媒体与博物馆信息传播》，《中国博物馆》2012年第1期。

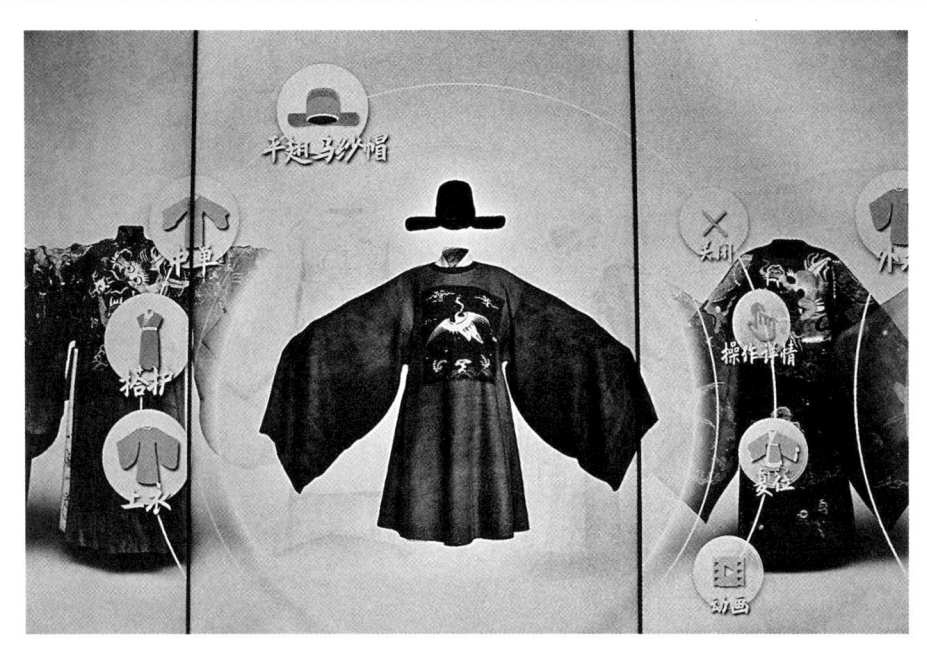

多媒体技术在展览中的应用

三、建设智慧博物馆

智慧博物馆是传统实体博物馆发展到一定阶段所产生的一种新的博物馆高级形态，具有主体的人本性、资源的整合性和数据的再生产性等基本特征。与数字博物馆相比，智慧博物馆的"智慧化"主要体现在数据来源的多样性、数据传输的多向性和数据交换的普遍性上。陈刚认为，现有的数字博物馆发展理念可以划分为四个阶段：第一阶段为展现，单纯扩展藏品本体的展示空间和时间，是对博物馆实体藏品展陈方式的有效补充。第二阶段为重构，从如实展现藏品本体，转移到虚拟再现业已消失或发生演变的藏品实体上来。第三阶段为替代，通过数字化手段还原历史场景、人物、事件的面貌，使受众在"真实"的历史场景中理解传统文化的形成与演变。第四阶段为再藏，通过网络和信息技术手段，围绕不同主题，整合、重组、再造数字空间上的数字藏品馆际收藏，突破实体博物馆在藏品收藏方面的局限性。[①]

建设智慧博物馆需要警惕走入载体离心化、技术泛滥化、内容娱乐化、数据固态

---

① 陈刚：《数字博物馆概念、特征及其发展模式探析》[J].《中国博物馆》，2007（3）：93。

化和建设盲目化的误区，抓住"数据"这一核心要素，围绕数据生成、数据加工、数据运用和数据共享诸环节，科学系统地推进展开①。所谓数字博物馆，就是将博物馆的藏品资源进行数字化的信息存储，通过互联网平台达到信息共享的效果。而智慧博物馆则是数字博物馆的延伸，它"以物、人、数据动态双向多元信息传递模式为核心，通过充分运用物联网、云计算、大数据等新一代信息技术成果，实现全面而动态感知，随时随地获取和传递藏品、展览、观众、环境等要素以及相互关系的变化，从而无须人工干预，即可实现智慧化保护、管理与服务"②。其特点就是感知性、互联互通、智慧化、人性化，开发智慧博物馆，可以让观众足不出户云观博，有利于拉近藏品与观众之间的距离，也有利于对藏品实体的保护和对博物馆的整体保护。比如为方便文物管理、方便资料查找以及加强文物保护，如果能建立一个全国通用的藏品数据库系统，囊括国内所有博物馆内藏品信息的数据库，那么就会方便藏品管理、资料查询、藏品对比，也方便展览设计的藏品资料浏览与整理等工作。在此基础上，藏品数据库可以使用 AR 等技术手段辅助信息呈现。比如有针对性地对每个藏品进行 AR 系信息增强，让藏品信息跟随藏品，在对藏品外观、资料的查询上能够更加快捷、明晰。此外，除却对藏品数据库的建立，对于辅助展品、展台、展架、装修时要应用的色彩、材质、灯光等元素也应当建立起资源数据库进行管理，除了在进行展览设计的过程中能够帮助设计师在虚拟空间进行设计，还能够查看博物馆已购展台展架资源是否能够再利用，以达到节约资源、减少开支的效果。

目前博物馆主要借助 VR 眼镜、头盔、数据手套和数据衣等交互技术，建立直观、自然的人机交互环境；利用立体声耳机或全景声系统，达到听觉上的沉浸；通过力反馈装置和气味系统模拟触觉、嗅觉上的真实感。而在叙事方面，研究者殷曼楟曾总结我国国有博物馆在叙事范式上的三个阶段，即文字叙事、形象叙事、景观叙事，并指出景观叙事以多媒体展厅与场景模拟复原展厅两种形式为主。③ 各类数字技术的使用拓展了展览自身对于主题的诠释与呈现，交互性叙事和沉浸式技术使得游客置身于博物馆内的空间展示，以第一人称视角走进虚拟世界，还原历史故事。在此意义上，观众

---

① 骆晓红：《智慧博物馆的发展路径探析》，《东南文化》2016 年第 6 期。
② 耿超、刘迪、陆青松、彭志才、鲁鑫：《博物馆学理论与实践》，北京：科学出版社，2018。
③ 殷曼楟：《论博物馆中的叙事范式转变及其可见性配置》[J]．《文艺争鸣》，2015（12）：129 - 135。

也被理解为"旅者"。① 由此说明，博物馆利用各类数字技术所构建的沉浸性环境的确不同于此前较早的沉浸媒介（比如洞穴壁画、全景画）所构建的沉浸性环境，这类数字技术把社会语境或者说历史语境整合进作品本身的建构，不仅具有非物质性和交互性，而且可以被大量观众在不同位置观看或体验。这也是当代博物馆的沉浸感所具有的新的审美体验。②

第三节 重视教育项目，实现展教合一

博物馆是社会公众获得终身教育的重要社会教育机构，其各项业务活动都以"教育"为目的进行，而教育活动是其实践教育使命的主要途径③。展览的意义不仅是展示，更是通过叙事架构、实物重组和技术手段阐释一个主题，并对观众进行潜移默化的教育。因此以展品为基础的教育活动，也应服务于展览的主题，以全新的讲解模式和教学方法，有针对性地利用分众化思维融合博物馆与观众的关系。因此，在博物馆展览过程中，应当对观众的视角和接受能力做出充分的考量，站在一个普通群众的视角上对展览加以审视，或许能够在展览的设计中获得更多的灵感，并在展出中取得更好的效果。在博物馆与观众之间形成一种良好的氛围，构建一种主体与空间环境，观众与文物之间的彼此沟通，从而在个体关系之中，在整体空间氛围之中达成一种叙事逻辑，促成观众对展览的接受。

博物馆作为非正式教育机构，其教育活动有着非强制性、趣味性强、互动性强的特点，不仅适用于成年人，更适用于儿童群体，是满足观众"终身教育"需求的重要场所。因此重视教育活动，实现展教合一不仅是出于对藏品推介的要求，也是以观众为中心的体现。博物馆应根据不同年龄段的观众的学习特点设立不同的教育项目，依托自身馆藏资源不断自我创新教育方式和教育内容，实现博物馆教育的可持续优化发展。此外，博物馆还可以让教育活动走出本馆，走进社区，正如周婧景在《博物馆儿童教育与儿童博物馆的发展》一文中提到的，"博物馆应当与幼儿园、图书馆、社区等

---

① 高名潞，陈小文：《数码艺术理论》[M]．广西桂林：广西师范大学出版社，2015：85；64-83。
② 张晴：《当代视觉艺术视阈下的数字艺术与博物馆陈列研究》，《中国博物馆》2021年第3期，第75页。
③ 黄旭茹：《博物馆教育活动管理研究》，华侨大学，2015。

机构形成稳定的合作机制"①，从馆舍天地走向大千世界。

一、国际博物馆教育

在国际上一些博物馆事业较为发达的国家，政府通过制定法规，将博物馆纳入国民教育体系，例如美国在1976年颁布的《博物馆服务法》中就明确表示鼓励和支持博物馆在教育中的作用，并鼓励支持其与正规的教育系统和非正规教育活动协力合作。在美国的博物馆教育事业中，馆内学生教育活动丰富、形式多样，配套材料完善，在馆外建设通过学区与博物馆的伙伴关系，实践博物馆学习的学校。为了使教师深层次理解和挖掘博物馆资源，馆方还向在校教师提供了不同类型的职业发展项目，并将他们对教育项目的反馈信息作为下一步开展工作的意见和建议。此外，美国博物馆的每年财政预算中都保有一定的经费以支持教育活动的开展。

大英博物馆教育活动

而在英国，政府制定了"国家课程"（National Curriculum），使得博物馆教育与学校课程连接。"让孩子们走出教室、走向博物馆"已成为英国现代教育的发展趋势。时

---

① 周婧景：《博物馆儿童教育与儿童博物馆的发展》，《学前教育研究》2015年第1期，第17页。

至今日，英国的馆校合作形成了"教育活动设置丰富自主、教育共享资源广泛深入、人员培训制度规范完善、教育资金保障有增无减"的特点。

在日本，国家规定博物馆"应与学校、图书馆、研究所、文化馆等教育、学术或文化相关的各种机构进行合作，并支持其举办活动"。为了加强馆校合作，日本文部省在1996年开始实施"学社融合推进计划"，将博物馆纳入学生的社区教育场所。在陈列内容方面，其体现方式有着鲜明的特色且互动性强。此外，日本的博物馆还有着基础设施多样齐全，人员构成质量高，馆校活动长效深入，经费保障强大充足的特点。

二、国内博物馆教育

国际社会上，欧美国家都十分重视博物馆教育项目的功能、策划、实施及研究，在实践操作和理论研究方面都取得了一定的成果，值得我们学习、借鉴。与之相比，大陆地区博物馆教育工作开展的现状不容乐观。突出表现为对教育项目的重要性认识不够，缺少或者基本没有教育项目，不能满足社会观众对博物馆的信息和体验需求[①]。

博物馆属于非正式教育机构，以具有空间形态的视觉形象为传播载体，其传播和学习的目的主要通过观众对展品的观察来实现。[②] 这种对展品的观看可以通过各种各样的形式呈现，如亲身到博物馆当中进行参观；通过博物馆的线上平台对博物馆展品的介绍进行学习；博物馆与学校之间的彼此合作实现教育的普遍化等等。接受者对展品的观察也应当发生在各种不同的维度层面上。在博物馆中对展览藏品的视觉观察可以让接受者最为直接并且最为细致地观察到藏品的视觉形象，但这还远远不够。视觉形象的展开还需要有专业的解读才能够真正对其加以理解，如大家耳熟能详的"饕餮纹"，如若没有对这一纹饰的深入解读和专业的解释，当代接受者已经无法感受到这一纹样在当时的历史环境中所具有的巫术意义以及其承载的文化权力机制。通过对古代器物上的纹样加以解释和研究，参观者在面对同一个纹样的时候便会拥有不同的审美前理解，从而改变观众对同一个器物纹样的认知。因此，除了视觉上的直观审视，文化理解也同样重要。这些文化信息则可以通过各种不同的渠道让观众获得，例如现场

---

① 王焕丽：《博物馆教育项目的策划与实施》，复旦大学，2009。
② 严建强：《论博物馆的传播与学习》，《东南文化》2009年第6期。

讲解员的深入讲解、通过二维码扫描获得电子讲解，甚至通过 VR 技术和 AR 技术，通过电子信息的方式让接受者在虚拟世界与现实世界的交互中获得更加完整的信息。

博物馆是公益性的、对外开放的机构，进入博物馆的观众的年龄、身份与文化背景等不尽相同，对博物馆讲解人员的讲解理解程度也各不相同。这就对新形式下博物馆的讲解工作提出了更高一层的要求。常静在《浅谈新形势下博物馆讲解艺术》一文中认为，博物馆讲解艺术最本质的特征是讲解员知识与语言的有机结合，讲解人员要熟练掌握关于历史以及考古等各方面的知识，并且熟练掌握本馆内展览内容以及相关展品的背景知识。除此之外，讲解人员要在日常的工作中加强语言的训练，要能做到语言规范、发音标准。① 因此若想做好讲解工作，首先要准备优质的讲解词，其次，要有良好的嗓音条件，吐字标准、清晰，讲求语言的自然、平稳、优美，讲解时要有感情，充分展现语言的美感。再次，博物馆讲解人员在讲解过程中语言要通俗易懂，要用准确生动的口语表达博物馆讲解内容，把握语气、声调、节奏。最后，讲解时需注意解说方式的多样化，以期达到最佳教育效果。

我国在 2015 年颁布的《博物馆条例》中明确规定了要加强学校和博物馆之间的合作，充分发挥博物馆的教育功能。同时，条例中指出，相关部门应当制定利用博物馆资源开展教育教学、社会实践活动的政策措施，博物馆应当对学校开展教育教学活动提供支持、帮助，并在学生放假期间免费开放，鼓励学校组织学生到博物馆开展学习实践活动。

目前，我国开展的教育活动较为重视展览讲解和辅导咨询，在重视展览教育活动的同时也在逐步创新青少年教育服务的内容、形式和手段，开展各种形式的教育活动，为广大社会公众呈现馆方资源、提供学习机会，推出专题性文化活动，包括比赛、展演和知识讲座等专题性文化活动，积极探索博物馆和学校的合作，促进双方教育的有效衔接，重视教育活动的评选，更好地利用文物资源开展针对青少年的教育工作。博物馆展开历史文化教育应当充分利用好各种资源和各种形式，不仅要吸引青少年进入到博物馆当中，让少年儿童对历史文化产生浓厚的兴趣，也应当主动担当，将博物馆的历史文化精品送入到学校当中。同时，创新传播形式，不仅仅通过博物馆展陈来进行教育活动，还要通过青少年儿童所喜爱的形式，如动漫、游戏等方式，激活传统文

---

① 常静：《浅谈新形势下博物馆讲解艺术》，《文物鉴定与欣赏》2020 年第 14 期。

山东博物馆教育活动

化资源,让青少年儿童在游戏娱乐的过程中也能够感受到传统文化的魅力所在,这样将更有利于博物馆教育功能的实现。如敦煌莫高窟与王者荣耀等游戏之间的跨界合作,不仅让博物馆借由游戏的传播途径获得了更为广泛的认知度,同时也激活了莫高窟的历史文化资源,使之转换为当代视觉形式,使传统文化不再是历史的化石,而是真正融入到当代文化之中,成为现代文化中的一个重要组成部分。博物馆发展建设,在坚持独立性和研究的专业性的前提下,跨界融合和传统文化在当代文化当中的活力激发应当受到更多的关注。

在全球新冠疫情蔓延的大背景下,为了充分发挥博物馆在特殊时期的文化教育职能，国家文物局于2020年1月27日党组扩大会议上特别指出，鼓励各地文物博物馆机构因地制宜开展线上展览展示工作，鼓励利用已有文博数字资源酌情推出网上展览，向社会公众提供安全便捷的在线服务。在丰富展览形式的同时，这一指示也为博物馆线上教育提供了一次难得的发展机遇。相较于以往的线下活动，线上教育活动的开展不受空间限制，教育活动的覆盖面更广，参与人群更多。任何观众只要通过互联网就可以通过在线参与的方式满足自身的学习需求。同时，线上教育具有可重复性。它打破了传统线下教育对于学习时间的限制，参与者不会因错过教育活动的时间而失去学习的机会。此外还能通过分享的方式，让更多人受益，实现博物馆教育资源的共享。当然，线下体验与线上教育是两种完全不同的活动形式，线上活动并不能取代线下，二者既可相互补充，又可独立进行，以达到丰富博物馆教育体验的目的。新时期下，博物馆教育工作应当利用云平台、网络直播、多媒体展示等渠道，大力开拓博物馆线上教育数字化建设，用"互联网+"的方式为人民群众带去丰富的博物馆教育活动。

目前国内的博物馆线上活动大致分为线上语音视频导览、虚拟漫游、音频课程、视频课程、线上推文、线上游戏和线上直播几种方式。而其中线上教育活动尚处于探索阶段，各大博物馆正在努力进行一些有益的尝试。如广东博物馆将一系列线下活动推至线上，如特展"魏唐佛光——龙门石窟精品文物展"的展览摄影大赛、"契丹印象：辽代文物精品展"的"原上穹顶——契丹毡帐模型DIY"等，以及将线下学习单的内容放置在线上，让公众可以共享资源。这些活动的活动成本低、受众范围广、社会参与度高，在为观众提供更多参与博物馆教育活动方式的同时，也增加了观众对于展览的关注度。又如故宫博物院青少网站提供了围绕故宫文博知识精心设计的线上游戏，观众可以尝试为皇太子设计一个课表，也可以动动鼠标把太和殿上排列混乱的神兽重新归位。上海科技馆官网的"互动反应堆"游戏板块，通过手机扫码，儿童就能参与诸如"摩擦力精灵""垃圾特工队""鲸豚消消乐"等多款互动游戏，而要赢得游戏，儿童必须运用科学知识来闯关，这有利于激发儿童探究科学的积极性。

综观目前的线上教育活动，不难看出疫情确实使博物馆加快了云端建设与线上资源的开发。但在这样的基础上，线上教育资源的趣味性和生动性还有待提高，以及面向特定群体（比如儿童）制作专业线上教育内容的博物馆还不多。因此我们从中不难认识到，博物馆线上教育还有很大的提升空间。无论是对馆藏资源的开发和利用，还是在服务质量的提升，抑或是线上教育资源和教育项目开发内容的扩展和提升上都有着较长的路要走。同时，博物馆作为为公众提供终身教育的公共场所，教育面向的群体应当朝着分众化与精细化发展。除了继续开发青少年群体的教育项目以外，也应该关注其他如成年人、老年人等特殊群体。尤其是随着时代的发展，老龄化社会已渐渐到来，如何让博物馆线上教育惠及更多老年人将成为我们新的关注点。

我们有理由相信，即便是在疫情结束之后，线上博物馆教育不应就此止步，发展线上线下相融合的博物馆教育是当今的必然趋势，多元化、多渠道满足公众需求是博物馆教育发展的必然选择。作为社会教育体系重要组成部分的博物馆，要以更加包容开放的心态拥抱后疫情时代的变革，要重视博物馆线上教育资源的建设。后疫情时代，博物馆教育应继续坚持以人为本，以馆藏资源为基础，以网络信息发展为支撑，在扩大博物馆影响力的同时传承历史、弘扬中华文化。

第四节　线上线下融合宣传

根据学者 Padilla-Meléndez 的一项研究[1]表明：博物馆对于社交媒体的使用可分为四类：作为展示博物馆信息的线上手册、作为出售与线下互补产品和服务的平台、激发参观者持续了解博物馆、进行产品创新，并且不同博物馆有不同的定位和线上运营策略。不仅如此，不同社交媒体在博物馆传播策略中扮演特定角色，且在与用户互动方面有不同的潜力。多元内容使得平台用户之间具有高竞争性，这迫使博物馆作为用户一员，需创造性地、有目的地研究与观众加深互动的策略。

现如今，媒介融合态势日益迅猛，发展强劲的融媒体环境已经形成。不少博物馆积极行动，不断更新宣传理念，综合运用各种媒体手段，从而更好地发挥博物馆的宣传教育功能[2]。相比于线下传播，线上平台更注重时效性与互动性。在国内，国家文物局公布的 2020 年博物馆定级评估办法[3]中，明确将"新媒体传播"列为评定项目之一。

---

[1] Padilla-Meléndez A, Del Águila-obra AR. Web and Social Media Usage by Museums: Online Value Creation [J]. International Journal of Information Management, 2013, 33 (5): 892-898.
[2] 李保平：《融媒体环境下博物馆宣传的改革与创新策略》，《新闻战线》2019 年第 4 期。
[3] 中华人民共和国中央人民政府网：http://www.gov.cn/zhengce/zhengceku/2020-03/26/content_5495770.htm

其中包括"博物馆官方网站、微博、微信具有很高的点击率,具有较强的传播力、服务力、互动力、认同度"以及"进入人民日报舆情数据中心、新华社、新浪、腾讯(微信公众号)等互联网新媒体平台发布的相关排行榜,并进入全国前10名"两个细项。张小双在《新媒体时代博物馆宣教的思考》一文中也对新媒体做出如下定义:新媒体是一种利用网络数字技术通过互联网等渠道连接电脑、手机等移动终端向用户提供信息和娱乐服务的传播和媒体形态。随着网络的高速发展,个人用户成了新媒体的传播主体。新媒体时代人们可以随时随地互动和接收信息,对于内容选择也有了更多的自由性。新媒体有独特的灵活性、机动性和便捷性,近年来各博物馆纷纷建立自己的网站、自媒体、短视频资讯号,借助网络平台宣传普及文博知识,积极发布博物馆日常工作、科普内容等。群众借用网络工具就可获取最新的动态信息以及藏品信息等。博物馆将藏品信息通过互联网渠道进行传播,也可以提升知名度以及社会影响力。[1]

可见,适应时代发展,充分利用互联网技术,大力通过网站、微博、微信等途径,开展新媒体传播已成为博物馆日常宣传工作中不可忽视的一环。罗跕与李纪红在《国内外博物馆社交媒体应用研究综述》一文中认为,我国博物馆在社交媒体应用研究方面大致分为了三个阶段:以借鉴启示为主的萌芽阶段、以传播营销为主的实践阶段以及博物馆核心职能实践与探讨阶段。在第一阶段主要论述社交媒体对于博物馆业务的正向影响、分析国外社交媒体著作或案例并提出启示等。例如论述社交媒体可为博物馆社会服务带来实践创新,如促进博物馆与公众以及公众之间的互动、宣传与推广等[2]。第二阶段则开始有少部分研究关注全国一级博物馆社交媒体应用和传播情况,以及新媒体环境下的文创营销策略。另有大部分研究主要以故宫博物院为例,分析其社交媒体传播推广经验。而到了第三阶段,研究者开始将研究焦点从传播营销转回萌芽阶段探讨的策展教育等核心职能,更进一步关注如何发挥社交媒体对教育和展陈的积极影响。而在这个过程中,多元公众的水平也影响博物馆解读的方式;从应用目的来看,网络博物馆内容生产和发布能促进博物馆真正意识到社交媒体对于博物馆的功能不仅仅是宣传推广与文创营销,更是实体博物馆在网络空间的服务与教育功能的拓展和分众化。

---

[1] 张小双:《新媒体时代博物馆宣教的思考》,《文化综合》2021年第46期,第114页。
[2] 陈宁欣、衣兰杰:《当前新媒体在博物馆社会服务中的应用》[J].《艺术百家》,2013,29(S2):20-23.

新冠疫情爆发以来，线上数字平台传播的手段在博物馆藏品推介中的作用日趋突出。"云导览""云观展"等技术手段打破了时间与空间的限制，线上直播、线上授课等宣传方式扩大了受众群体，吸引了更多潜在观众。总而言之，发展线上数字平台的举措顺应了时代潮流，不仅满足了观众足不出户逛博物馆的需求，还将博物馆的藏品通过互联网的平台推介给更多公众。

山东博物馆线上直播宣传

山东博物馆线下宣传华服日

2011年国家文物局出台了《博物馆事业中长期发展规划纲要（2011－2020年）》，其中关于博物馆数字化建设的内容中明确指出"充分运用信息、互联网、多媒体、新媒体等技术手段，通过数字博物馆、远程教育网络和文化信息资源共享工程，使博物馆文化成果惠及更多民众"。在后疫情时代，博物馆想要提升自己的宣传水平，就要充分地运用互联网技术开展藏品推介工作。例如建立信息交流平台，在微博、微信、抖音等应用中打造属于自己的媒体品牌，重视自媒体和新媒体的作用，建立和观众双向沟通的反馈机制；创新宣传教育的途径，与传统媒体合作，并进行线上线下双头结合推广，以达到互相引流的效果；建设资料数据库，打破地域限制，通过对各大博物馆藏品信息的资料整合，从而进行更好的宣传教育工作。在未来的宣传工作中，博物馆应从线上线下双管齐下，推动线上线下深度融合与宣传途径多元化，注重线上宣传的作用，打磨宣传内容，深耕内容，坚持以藏品为中心的宣传导向，针对不同的受众群提供尽量全面的资料。博物馆的线上展览和内容呈现，应当充分利用互联网的特征，充分尊重和考虑观众的感受和意见。在互联网的开放虚拟空间当中，每个人都可以自由地发表自己的意见，博物馆的线上运营要充分尊重这些声音，并及时予以回应。同时，具有多元性的"亚文化"在当代兴起，在现代社会当中，每一个小众爱好都会吸引到相应的一批接受者，互联网平台为此创造了机会，让身处不同地理位置的人们可以因为一个相同的爱好而聚集到一个互联网空间当中。在线下，博物馆作为一个信息交流的公共场所，在互联网上，博物馆运营也应当朝向这个方向努力，让博物馆的线上空间也构建成为一个可供具有相同爱好的人互相交往和互相学习的空间场所。如此，博物馆的信息管理和文化探索也就不再局限于博物馆研究人员，那些在博物馆的互联网空间中进行交流、学习的人们可以自发地贡献优质内容，推动博物馆文物研究和文化的激活。同时，因为互联网空间推动下的"亚文化"的兴起，在每一个小众领域都会有相应的专家和意见领袖，通过互联网空间，将会更有效地将专业的信息贡献出来，实现资源和信息的共享，从而为整个文化的发展做出贡献。

郑海棠认为，博物馆的线上宣传工作应该从"构建智慧博物馆，提升宣传效率""建设网络博物馆，扩大宣传范围""搭建移动博物馆，强化教育质量""运用短视频平台，提高实际效果""结合多样化媒体，增进宣教影响"以上五个方面[①]入手：第

---

① 郑海棠：《新媒体时代下博物馆宣传教育研究》，《文物鉴定与欣赏》，2021.8（下）。

一，博物馆应当加强信息化领域的建设力度，通过运用各类先进的技术充分整合博物馆所有展品的基本资料、背景故事等内容，构建出信息化博物馆和虚拟博物馆；第二，通过建设官方网站、论坛、开展网络直播、开通微博等形式全面提高博物馆线上的传播力、服务力、互动力以及认同度，增强宣传和教育的能力，提高博物馆对社会公众的服务质量；第三，博物馆可以通过与专业软件开发商合作，开发博物馆专属APP，不仅可以浏览博物馆的所有展品，也能深入了解与展品相关的所有文化知识、历史事件等内容，还可以嵌入3D模型技术，在帮助观众掌握更多资料内容的同时，也能从不同的角度欣赏展品，深入感受中华民族传统文化的魅力，将博物馆展品具备的教育作用予以充分展现；第四，在进行短视频拍摄时突出博物馆品牌的鲜明特征，保证输送视频的质量，强化互动环节，以展品为核心，制造能够引起大众强烈反响的话题，并积极与用户进行互动，不断满足大众的需求；第五，博物馆还应当通过其他媒体手段增强宣传教育力度，提高对社会大众的影响，让博物馆宣传教育工作能够深入日常生活，与社会大众建立紧密联系，通过潜移默化的方式来提升影响力。

博物馆通过融媒体手段实现了信息、文化传播的多元化，各类媒介的交融互通拓宽了受众的广度，内容信息分众化、丰富化加深了博物馆信息传播的深度，使其自身以一个更为崭新的、有活力的姿态展现在不同的受众面前[①]。信息技术的迅猛发展影响改变着传统文化既有的发展模式，电子超文本构成了新文化的支柱，使得传统文化以信息的形式跨越整个地球和整个人类历史，可以实现与来自任何地方的符号、信息进行整合，从而使传统文化表现出了抽离历史与地理特性。而传统文化深深地根植在人们的观念与思维方式之中，在博物馆里则主要是通过实物进行呈现，长期以来主要是以陈列展览、书籍、教育活动、文化活动等形式进行传播。信息技术的发展，使博物馆信息传播面临着更广阔的发展空间，博物馆与公众的关系也逐渐发生改变，博物馆与公众的交互程度正在加深，博物馆与公众正日益发展成为相互需求、相互激发的新型互动关系。博物馆日益成为新思想、新观念碰撞、产生的文化场所。

伴随着智能手机的普及，互联网的涵盖面正在从传统的PC端蔓延至移动端，各类APP应用成功占据了人们的视野。加强多APP的开发与运用，结合馆藏资源与展览量身定做一款APP，同样有利于加强展览效果、丰富展览形式。例如开发导览型APP，

---

① 梁炎鑫：《利用融媒体手段实现博物馆传播创新》，《新闻研究导刊》2019年第11期。

进行馆内的环境引导与藏品的信息拓展，对陈列展品进行深度的多维阐释；开发益智游戏型 APP，在以藏品为中心的基础上增强交互性与趣味性，达到寓教于乐与科普传播的目的；开发综合服务型 APP，将馆藏信息、展览、文创、社教活动、公共服务等方方面面"一网打尽"，方便观众掌握所有与本馆相关的信息。智能穿戴设备的不断迭代和普及为我们接受网络信息提供了越来越多的可能性。在今天，一部手机便可以让一个普通人看到在世界各地所发生的事情，可以解锁共享单车、呼叫出租车以及开会、办公等等。而未来，智能穿戴设备，如智能手表、智能眼镜、智能耳机等的

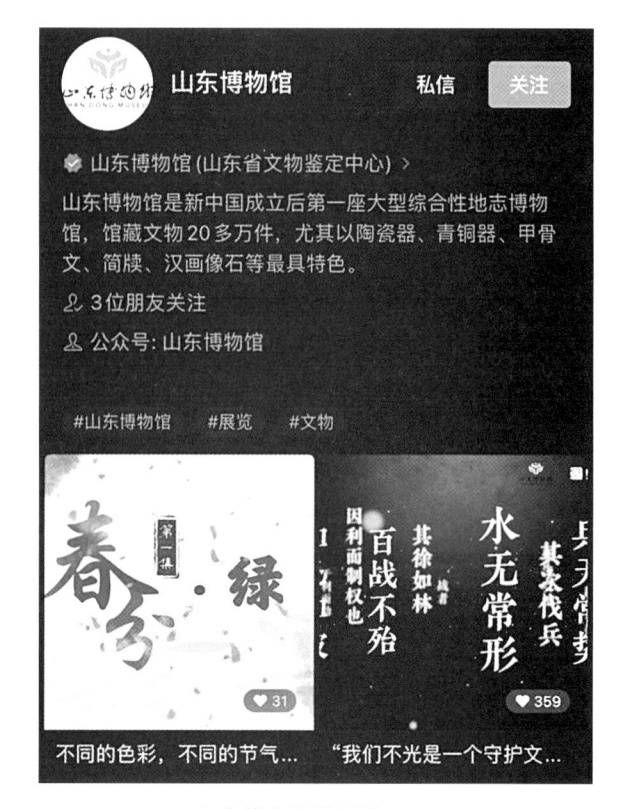

山东博物馆视频号

不断发展为我们的信息接收创造出越来越多的可能性。物联网不断发展，万物互联日益成为可能，博物馆的线上运营也将会在这样的潮流之中不断创新发展模式和展陈形式，在新的科技环境和信息接收媒介之下呈现出一种新的状态。

现阶段，我国博物馆事业正处在转型发展阶段，重视观众的心理成为了当下不可忽视的课题。博物馆若想做好宣传工作就必须增强业务能力，在碎片化、海量化、同质化的信息时代，用合适的方式手段结合自身特色来打造新颖的宣教内容，让观众有持续的新鲜感。在新媒体工作中严格审核内容，注重娱乐性与科普内容相结合，在保证其专业性的同时又能够带给观众正确的价值引导。博物馆工作者更要不断提高信息灵敏度，及时分辨更正不实信息，对于网络上存在的误解与质疑及时回应，将影响降到最小。博物馆行业必须以更加开放的姿态与其他学科、部门例如信息技术产业、广播电视新闻传播类行业进行密切配合，内容上锐意创新，形式上与多个行业领域进行跨界合作，让博物馆宣教在科学、真实的基础上更具观赏性、娱乐性，提高覆盖率。

各个博物馆都要加强与群众的交流互动，积极推广博物馆新媒体平台。使大众利用手机或电脑来观赏学习博物馆文化和信息，增强宣教的广泛性。博物馆要紧跟时代脉搏，贴近观众、贴近生活，规范运营工作，吸收传播行业人才，找准现行宣教工作中与发展不适应的方面，确立适应新的思维模式和现代宣教理念，从而推动宣教工作步入可持续发展的健康轨道。

增强文化自信，传承中华优秀传统文化，必须让沉睡在博物馆中的各种文物资源"活"起来。[①] 博物馆不应该成为历史文化遗迹的坟墓，观众到博物馆进行参观不应当是像扫墓一样心怀敬畏而又敬而远之地面对那些历史文化遗产。这些历史文物在当代应当重新激发起价值，让这些死去的文物再一次"活"起来，让它们以鲜活的姿态呈现在观众的面前，让它们以生动的形式介入到当代生活当中。文物是人类在历史发展过程中遗留下来的遗物、遗迹，是人类宝贵的历史文化遗产，是人类历史上物质文化和精神文化的遗存。它所蕴含的信息具有历史、艺术、科学等价值，是一个国家、一个民族历史发展的重要见证。各类文物从不同的侧面反应了各个历史时期人类的社会活动、社会关系、意识形态以及利用自然、改造自然和当时生态环境的状况。博物馆作为文物的收藏展览中心，不能仅仅将文物保存在展柜中，更应该充分利用宣传资源让更多的文物"活"起来，取得更加广泛的文化影响力。

中国国家博物馆 APP

---

① 岳娜：《智慧博物馆让文物资源"活"起来》，《人民论坛》2019 年第 7 期。